부장님보다

돈

잘 버는
직장인의

부동산
투자

부장님보다
돈
잘 버는
직장인의
부동산
투자

펴낸날 2021년 2월 19일
3쇄 펴낸날 2021년 11월 5일

지은이 송량헌
펴낸이 주계수 | **편집책임** 이슬기 | **꾸민이** 김소은

펴낸곳 밥북 | **출판등록** 제 2014-000085 호
주소 서울시 마포구 양화로 59 화승리버스텔 303호
전화 02-6925-0370 | **팩스** 02-6925-0380
홈페이지 www.bobbook.co.kr | **이메일** bobbook@hanmail.net

© 송량헌, 2021.
ISBN 979-11-5858-754-3 (03320)

부장님보다 돈 잘 버는 직장인의 부동산 투자

송량헌(황금대지)

부동산 투자로
이루는 자신이
원하는 삶

직장인 건물주 30대 송과장은

어떻게 공부하고 투자했을까

밥북
B·EB··K

부동산 투자와 시간적 자유

대한민국에서 직업이란 나를 나타내는 큰 명함 중 하나이다. 소개팅을 하더라도 "그 사람 뭐 하는 사람이야?"라고, 직업이 무언지를 가장 먼저 궁금해한다. 이렇게 각자의 인생을 나타내는 '직업'에 따라 평일 낮 시간은 주로 주어진 일을 하며 보낸다. 주말에 가족이나 연인과 보내는 시간이 더욱 소중하겠지만, 대부분의 사람은 평일 업무시간(9시~18시)에 무엇을 하는지에 더 관심을 가진다.

하지만 현실은 어떨까? 놀이공원에 가도 평일 낮이 가장 놀기 좋은 시간이다. 주말에 놀이기구를 타려면 1시간 이상 기다려야 하지만, 평일엔 거의 기다리지 않고 탈 수 있다. 그럼에도 입장료는 평일이 더 저렴하다. 근사한 식당도 마찬가지이다. 주말엔 예약 잡기도 힘들지만, 평일 낮엔 예약 없이도 좋은 자리에 앉을 확률이 높고, 심지어 평일 점심은 훨씬 가성비가 좋다.

결국 주말에 사랑하는 사람과 먹고 즐기기 위해 평일 업무시간에 돈을 버는 건데, 이는 사람들 대부분의 라이프 패턴이다. 따라서 남과 똑같은 패턴으로 산다면 요즘 흔히 말하는 가성비가 좋은 인생은 아니다. 평일엔 직장에 치이고 주말엔 사람에 치이면서, 가장 비싼 요금을 내면서 가장 안 좋은 서비스를 받기 때문이다. 공급과 수요 원칙을 따르는 자본주의 사회에서 어쩔 수 없는 일이라고 체념하기보다 이를 극복할 노력이 필요하다.

나는 투자를 통해 자본소득을 구축해서, 월급과 평일 업무시간으로부터 독립하는 것이 필요하다고 생각한다. 물론 누구나 그걸 원한다고 생각할 수 있지만, 의외로 많은 이들이 직장과 근로소득의 프레임에서 벗어나지 못하거나, 알아도 빠져나오려 하지 않는다.

여기서 빠져나오는 건 우선 자신의 월급을 대체할 자본소득을 만들어 시간적 자유를 얻는 것이 중요하다. 인생에서 가장 핵심시간대인 평일 낮(9시~18시)과 가장 핵심 시기인 청춘(20대 후반~정년)을 통째로 회사에 바치면서, 정작 중요한 가족과의 시간이나 자신의 꿈과 미래를 후순위로 미뤄두는 게 맞는지 진지하게 고민할 필요가 있다.

누구나 원하고 아는 내용이지만 쉽지 않은 일이기에 이 책을 썼다. 많은 직장인이 부동산 투자와 신축이라는 방법을 통해 시간적 자유를 얻기를 희망하면서…

일단 시간적 자유를 얻고 나면 온전한 나의 삶을 살 수 있다. 생계 걱정 없이 확보된 그 시간을 활용해 사업을 하든, 투자를 지속하든, 꿈을 찾든, 선택은 각자의 몫이다.

누구는 몰라서 못 하고, 누구는 알아도 못한다. 몰랐던 독자들께는 방법과 지식을, 알았던 독자들께는 마인드를 심어주는 데 이 책이 조금이나마 도움이 되기를 바란다.

2021년을 맞이하며 송량헌

차 례

1장
직장인이 부자 되는 8단계 로드맵

★ **투자 마인드 키우기**   젊을 땐 돈이 없고, 돈이 많으면 늙었다는 가정?

4장

부동산 투자, 육하원칙이 필수다

★ **투자 마인드 키우기** 투자금을 만들면서 지속적으로 투자하는 방법

7장
부동산 투자의 끝판왕 공급자를 향하여

나의 로드맵과 투자의 길

나는 26살에 처음 취업을 해서 월 200만원의 월급을 받기 시작했다. 집이 넉넉한 편은 아니었지만, 그래도 부모님 덕에 나름 좋은 여건에서 인생을 살아왔다. 공무원이셨던 아버지 덕에 대학교 등록금이나 생활비 걱정 없이 공부를 했고, 졸업 후 ROTC 장교로 복무하면서 취업 전부터 돈을 벌 수 있었다. 특히 해병대 장교로 백령도에서 근무하면서 2년간 받은 월급은 강제저축이 되었고, 그 덕에 취업 후 서울에서 원룸 전세보증금 정도는 가지고 시작할 수 있었다.

이른 나이에 학자금 대출과 전세자금 대출 없이, 대기업에 취업해서 사회생활을 시작할 수 있었던 것은 내게 큰 행운이었다.

누구보다도 많은 저축과 재테크를 할 수 있는 상황이었지만, 2가지 악재가 있었다. 그것은 내가 너무 어렸다는 점과 돈에 대해 배우지 못했다는 점이었다. 어린 나이에 하고 싶은 것은 많았고, 넉넉하진 않아도 경제적으로 어려움 없이 자랐기에 돈에 대한 개념이 없었다. 이 때문에 입사 6개월 만에 차를 구입했고, 이후로 30살이 되던 해까지 총 4차례나 차를 바꿨다. 게다가 사고로 차가 전소되면서 약 5천만원의 손실을 보게 되었다. 월급으로 받은 200만원은 소비를 하면서 거의 신용카드 대금으로 나가고 남는 것이 없었다. 남들이 30살에 5천만원을 모을 동안 나는 오히려 5천만원의 빚을 떠안은 것이다.

그나마 31살에 아내와 결혼하고 신혼집을 구하면서 삶의 '현타'(현실 자각 타임)를 느끼고 부동산을 공부하고 투자하기 시작했다. 우선 가지고 있던 원룸 전세보증금 5천만원과 아내가 가지고 온 5천만원에, 대출 1억을 받아 경기도에 2억짜리 아파트 전세를 구했다. 외벌이에 아이까지 생기면서 저축할 여력이 없었다. 저축은커녕 20대 카푸어로 만들어진 빚 5천만원도 상환할 여지가 보이지 않았다. 정말 막막했고 답답했다.

전세 시세가 오르는 것이 보였고, 아이가 태어나면 언젠가 학교도 가야 하고 교육비로 들어가는 돈도 만만치 않을 텐데, 도저히 월급만으로는 답이 나오지 않았다. 그나마 다행인 것은 대기업에 근무했기에 금융기관에서 꽤 높은 신용등급을 가지고 있었다는 점이다. 나는 이를 활용해 신용대출 8천만원을 받아 부동산 투자를 하기로 결심했다.

당시 청약통장을 가지고 있었기 때문에 무주택자 지위를 유지하고자, 분양권에 투자를 했다. 당시 분양권은 주택 수에 포함되지 않았다. 프리미엄을 주고 샀다가 더 많은 프리미엄을 받고 파는 방식으로 여러 차례 투자를 하면서 투자금을 늘려나갔다. 그리고 아파트 재개발 입주권에 투자를 했는데, 입주권은 주택 수에 포함된다는 사실을 뒤늦게 알았고 계획했던 청약이 좌절되었다. 이때 부동산 공부의 필요성을 더욱 절실하게 느꼈다.

이왕 유주택자가 된 김에 아파트 갭(GAP)투자를 시작했고, 자산이 조금씩 늘기 시작했다. 여유자금이 조금 생겼고 마침 최순실 게이트

부장님보다 돈 잘 버는 직장인의 부동산 투자

발생으로 정권교체를 예상하고 파주에 토지를 조금 매입했는데, 18년 남북 정상회담을 하면서 가격이 꽤 올랐다. 하지만 새 정부는 부동산 투자에 규제를 하기 시작했고, 이때부터 자산을 정리하기 시작했다. 이렇게 투자한 결과, 카푸어로 생긴 5천만원 빚과 신용대출 8천만원을 상환한 것은 물론 서울에 새 아파트와 여유자금 5천만원을 손에 쥐게 되었다.

정부의 지속적인 부동산 규제로 새로운 국면에 접어들자 나는 투자 전략을 변경했다. 사 놓고 오르기를 기대하는 가치투자 방식에서 벗어나, 스스로 수익을 만들어 내는 기술투자 방식을 택했다. 시세보다 저렴하게 매입하거나, 리모델링을 통해 부동산 가치를 올리는 방식이었다. 본격적인 투자를 위해 부동산 투자 법인을 설립하고 경매를 시작했다.

서울의 노후빌라를 저렴하게 매입해서 깨끗하게 수리한 후 높은 값에 전세를 놓거나 매도하는 방식으로 투자를 진행했다. 그렇게 5천만원을 1억으로 만들었고, 신용대출 1억을 받아 총 2억을 가지고 19년에 첫 원룸 건물을 짓게 되었다. 지금은 2채의 원룸 건물을 가지고 있으며 현재 3번째 건물을 짓고 있다. 지금은 가족과 많은 시간을 보내기 위해 다니던 직장을 휴직했다.

'나 이렇게 잘했어요'라고 자랑하려는 게 아니다. 마침 부동산 시장이 상승기일 때 투자를 시작했고, 아직 경제위기나 부동산 하락기를 경험하지 못했기에 운이 좋았다는 것을 부정하긴 어렵다. 하지만 나름 7년째 부동산 투자를 하면서 느낀 것은 시장의 상황이 어떻게 변하든 나름의 전략을 가지고 투자를 하면 항상 길은 있다는 사실이다. 부동산 시장이 보합이나 하락일 땐 경매나 개발하는 방식의 투자를 하고,

주거용 부동산 규제가 있다면 상업용 부동산에, 세금규제가 있다면 사업자를 내는 방식으로 어떻게든 찾으려고 하면 길이 열린다는 것이다.

우리는 오로지 시간적 자유를 통해 진정한 인생을 찾는 데 집중을 하면 되고, 그 목표를 이루는 과정에는 다양한 방법이 있다는 것을 알아야 한다. 나는 많은 이들이 시간적 자유라는 목표를 이루기 위해 갖춰야 할 마인드와 로드맵에 대해 소개하고, 그 목표를 이루기 위한 다양한 방법 중에서도 부동산 투자와 개발(신축) 투자에 대해 소개하고자 한다.

원래 알던 내용일 수도 있고, 몰랐던 내용일 수도 있다. 하지만 지금 당신이 직장인으로서 이 책을 들고 있다면, 알았든 몰랐든 적어도 무언가 행동하진 않고 있을 확률이 높다. 알고도 안 했든, 몰라서 못 했든, 많은 이들이 이 책을 통해 꼭 실천으로 옮기고 시간적 자유인이 되길 희망한다.

아울러, 내가 직장을 다니면서도 과감하게 투자할 수 있었던 이유는 나를 전적으로 지지해준 아내가 있었기 때문이다. 두 아이를 포함한 가족의 생계를 책임지는 남편이 대출을 받아 투자를 감행한 부분에 대해 다소 불안한 마음이 들었음에도 불구하고, 항상 믿어주고 응원해줬기에 더 신중하면서도 과감하게 투자할 수 있었다. 또한, 아내가 없었다면 투자를 하면서 직장생활, 신축, 책 출간준비 등 다양한 활동을 하는 것이 불가능했을 것이다. 이 책을 빌어 아내에게 감사하다는 말을 전한다.

1장

★ ★ ★ ★ ★

직장인이 부자 되는
8단계 로드맵

상상
5060 직장 선배들의 발자취

직장인으로서 가는 미래의 길은 이미 몇십 년부터 현재까지 먼저 지나간 직장 선배들의 인생을 살펴보면 예측할 수 있다. 만약 별도의 준비 없이 현 직장을 계속 다닌다면 아마 자신의 미래는 지금 보는 선배들의 모습이라고 생각해도 과언이 아니다. 물론 개인이 물려받은 재산, 씀씀이, 승진속도, 시대적 상황 등에 따라 다를 수 있다. 하지만 대부분의 직장인들은 주말을 제외한 거의 모든 시간을 회사에서 함께 보내기 때문에 같은 회사에서 비슷한 연봉을 받으며 계속 근무를 했다는 것만으로도 선배들을 통해 자신의 미래를 비춰볼 수 있을 것이다. 여기서 연봉이란 업계연봉이나 자신이 몸 담은 회사의 연봉 수준 등을 말하는 것이다. 다만, 선배들의 시대와 지금 시대는 사회적 환경이 다르기 때문에 무엇이 맞고 무엇이 틀렸다는 것을 말하는 게 아니다. 선배들의 경제적 로드맵을 보고, 우리가 현 시대적 상황에 맞게 바꿀 것이 있다면 바꾸고, 배울 것이 있다면 배워서 경제적으로 더 나은 인생을 살아가는 데 도움을 받자는 것이다.

나는 투자를 통해 월급 외의 안정적인 월수입을 만들고 이를 기반으로 퇴사한 후, 사업소득을 벌어 지속적인 투자를 통해 부자가 되는 것이 현시대 직장인이 밟아야 할 로드맵이라고 생각한다. 하지만 선배들의 시대에는 금리가 높았고, 회사의 성장이 곧 나의 성장과도 같았기에 사업보다는 기업의 구성원으로서 조직에 기여하며 정년퇴직하는 것을 목표로 두기 일쑤였다. 정년퇴직이 곧 개인적, 사회적으로 그들에게 최고의 선택이었겠지만, 그 선배들 대부분은 우리가 흔히 아는 부자는 아니다.

어쨌든 부자까지는 아니더라도 선배들 중에서도 회사생활 하면서 나름의 준비를 얼마나 했는지에 따라 퇴직 후 생활의 차이는 있다. 현역 땐 직급이 깡패지만, 퇴직 후엔 통장 잔고가 깡패라는 말이 있다. 집안이 부자는 아니지만 정년 후 꽤 여유로운 삶을 사는 선배들도 있다. 다만, 퇴직 후 여유로운 삶을 사는 선배들을 부러워하며 정년을 채우려고 이 책을 읽는 것은 아니다. 궁극적인 삶의 목표는 경제적, 시간적으로부터 자유로워지고 자신이 진정으로 하고 싶은 일을 하기 위한 것임을 잊으면 안 된다. 정년을 채운다는 것 자체가 이미 내 청춘이 시간으로부터 자유롭지 않다는 뜻이기 때문이다.

하나금융경영연구소에서 작성한 '한국 부자들의 자산관리 방식 및 라이프스타일'이라는 리포트를 보면, 부자들은 평균 41세에 부자가 되기 위한 시드머니를 확보했다고 한다. 시드머니를 확보한 수단은 사업소득이 32%로 가장 많았으며, 상속(25%), 근로소득(18.7%), 부동산 투자(18.2%) 순이었다. 상속을 통한 금수저도 있었지만 사업, 근로소득, 투자를 통해 시드머니를 확보한 사람이 더 많았다. 특히 사업을 통한 시드머니 확보 비율이 가장 높았다.

시드머니를 확보한 이후 부자가 되기까지 자산을 축적한 수단 역시 사업소득이 32%로 가장 많았으며, 부동산 투자(25%), 상속(19%), 근로소득(15%) 순이었다. 시드머니 확보 이후 부자가 되기까지 가장 좋은 수단 역시 사업임을 알 수 있다. 시드머니 축적단계와 달리, 어느 정도 종잣돈이 생겼다면, 근로소득보다는 부동산 투자를 통한 부자가 더 많음을 알 수 있다. 즉, 종잣돈을 모으는 것은 근로소득이 좀 더 많지만, 그 종잣돈을 불려 부자가 되는 것은 부동산 투자가 더 많은 것을 알 수 있다.

부자가 된 이후에 노후생활비 원천 1위는 예·적금이 35%로 가장 많았고, 부동산 수익(27%), 금융자산(19%), 개인연금(10%) 순이었다. 부자들은 노후를 보낼 때도 부동산 수익의 비중이 상당함을 알 수 있다. 반면 일반인은 공적연금이 44%로 가장 많았고, 은행예금(22%), 부동산(11%) 순이었다. 연금도 군인, 공무원 연금은 그나마 낫지만, 국민연금에 의존하는 노후라면 삶의 질은 말할 필요도 없다. 노후생활비를 보더라도 일반인이 부자보다 투자에 훨씬 소극적이었음을 알 수 있다.

앞의 내용을 정리하면 부자는 종잣돈을 모으거나 돈을 불릴 때 근로보다는 사업을, 저축보다는 투자를 주로 하는 것을 알 수 있다. 노후 역시 공적연금보다는 자신이 직접 투자를 통해 만들어 놓은 수입을 활용한다.

이처럼 부자와 서민의 차이점이 분명히 있고, 부자가 되기 위해서는 부자처럼 행동해야 한다. 그런데 대부분 직장인은 강제적인 국민연금 가입과 더불어 저축 및 개인연금을 통해 노후를 준비하고 있다. 정년까지 근로소득을 모으고 연금에 넣으면 보다 나은 노후가 될 수 있을지언정 부자는 절대 되지 못한다.

정년퇴직 후 예상되는 노후생활을 유형별로 알아보자.

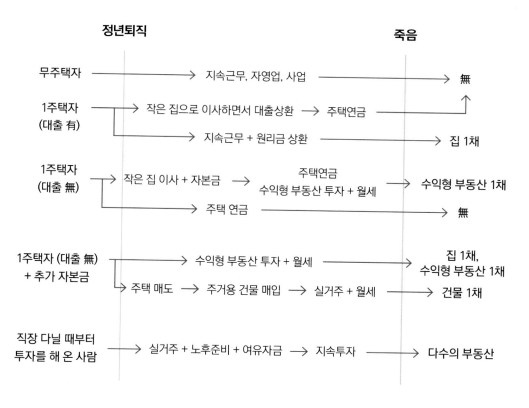

집은 사는(buy) 것이 아닌 사는(live) 것이라며, 평생을 전세에서 사는 사람들이 있다. 만약 이들이 별도의 노후준비 없이 국민연금에만 의존하다가 정년을 맞이한다면 아마 지속적인 근로생활을 하거나 생계를 위한 다른 수입창출 활동을 해야 할 것이다. 그나마 정년까지 근무하면 다행인데, 만약 몸이 아프거나 회사사정 등으로 조기에 실직한다면 더욱 어려움에 처할 것이다. 충분한 금융자산이나 다른 수입원이 있다면 다르겠지만, 부동산 투자는커녕 자기 집 한 채도 없다면 은퇴나 실직 후 어려움을 겪을 확률이 높다. 그 이유는 앞서 설명한 것처럼 일반인의 경우 대부분이 공적연금과 예·적금으로 노후를 대비한다는 조사결과가 있고, 직장생활을 정년까지 했다는 것은 부자가 아닌 서민일 확률이 높기 때문이다.

여하튼 대부분의 직장인이 그래도 실거주할 집 한 채 정도는 대출을 받아 사게 된다. 그리고 2~30년간 원리금을 상환하며 직장에 다닌다. 만약 상환을 다 못했는데 정년을 맞이하면 그 시점의 주택 가치만큼 주택연금으로 돌리거나, 작은 집으로 이사를 하고 주택연금을 받는다. 정년퇴직 전에 온전히 내 집 한 채를 가지고 있다면 그 집을 담보로 연금을 받아 생활하거나, 작은 집으로 이사를 하고 남은 자본금으로 수익형 부동산에 투자해서 월세를 받기도 한다. 아마 직장인이 정년까지 근무한다면 이 정도까지는 충분히 하리라고 생각한다. 어쨌든 집을 사 놓으면 근로소득으로 대출을 상환해가면서 결국 그 집의 가치도 상승하기 때문에 퇴직 이후에 여유로운 삶을 살 수 있다.

이보다 좀 더 공격적인 직장인은 온전히 집 한 채를 가진 이후에도 추가 자본금을 모아 수익형 부동산에 투자하거나 본인이 살던 집을 매도한 다음 다가구를 매입해서 주거와 수익을 동시에 챙김과 동시에 건물주가 되어 향후 시세차익까지 누릴 기회를 얻는다. 지분이 아닌 온전한 토지 전체를 가지고 있다는 것은 아주 큰 이점이다. 이와 관련해서는 뒤에 다시 설명할 예정이다.

슈퍼직장인이 되기 위해서는 결국 직장생활을 하면서 꾸준한 투자를 통해, 정년퇴직 후 많은 월세와 자산을 가진 상태가 되어야 한다. 이 정도 되면 부자라는 생각이 들 수도 있지만, 직장생활을 하면서 이정도 하기도 쉽지 않은 일이며, 이렇게 했다 하더라도 이런 사람의 경우 이미 정년까지 회사에 다닌 상태일 것이다. 노후는 여유로울지언정 이미 청춘은 회사에 반납했고, 임원을 수년간 하면서 수억대 연봉을 받다가 정년을 맞이하지 않은 이상 부자라고 하기도 어렵다. 이런 직장생활의 맹점 탓에 젊을 때 누리자는 '욜로족'이 생겨난 게 아닐까 한다.

직장인의 끝판왕이라고도 할 수 있는 슈퍼직장인이 되기란 쉽지도 않을뿐더러, 되었다 하더라도 결국 진정한 부자는 아니라는 것을 알았다. 진정한 부자란 단순히 은퇴 후 여유로운 삶을 사는 것이 아닌, 시간적 경제적으로 자유로운 것을 의미하며 이왕이면 한살이라도 젊을 때 그 꿈을 이뤄야 한다. 그렇다면 시간의 소중함도 알아야 한다. 투자를 통해 부를 축적하더라도 '어쨌든 회사는 정년까지 다녀야지'라고 생각한다면 부자가 되기보다는 안정적으로 살면서 여유로움에 만족을 느끼는 사람이다. 하지만 과연 직장을 계속 다니는 것이 안정적인지는 한번 생각해 봐야 한다. 그 안정적이라는 것은 아프지 않고 지속적으로 내 시간과 노력을 들여 회사가 돈을 버는 데 기여한다는 조건에서 성립되기 때문이다.

	시간 없음	시간 있음
돈 없음	학생, 일반 직장인	백수
돈 있음	전문직, 고소득 근로자, 슈퍼직장인	부자, 자본가

연봉을 높이기 위해 내 시간을 더 투자한다면 당장은 좀 더 많은 근로소득을 올릴 수 있지만, 회사가 벌어들이는 수입에 비하면 보잘것없는 보상일 뿐이다. 즉, 회사는 적은 비용(성과급)을 통해 우리의 더 많은 노동시간을 이용(레버리지)해서 훨씬 더 많은 수익을 챙겼다는 의미이다. 우리는 돈보다 시간의 귀중함을 알아야 한다. 벌금보다 무서운 것이 징역형이다. 물론 벌금 낼 돈이 없어서 징역형을 받는 사람도 있지만, 징역형은 그 사람의 시간을 뺏는 무서운 형벌이다. 재벌이나 가난한 사람이나 동등한 것이 바로 하루 24시간이라는 점이다. 물론 재벌은 감옥에 있어도 다른 사람이 대신 일을 하면서 자산이 늘어나고 있지만, 순수한 자기만의 시간을 빼앗기는 건 똑같다. 소중한 시간을 남을 위해 일하지 말고 소중한 자신를 위해 쓰도록 노력해야 한다. 월급이라는 마약에서 빠져나오고, 보다 빠르게 돈을 버는 방법을 선택해서 젊을 때부터 진정으로 하고 싶은 일을 하며 사는 인생을 살아야 한다.

앞에서 일반적 직장인의 발자취를 정리했지만 모두가 그런 삶을 사는 것은 아니다. 직장에 다니면서도 부자가 된 사람이 있고, 남다른 직업관을 가지고 생활하는 훌륭한 사람들도 많다. 나는 오로지 경제적인 관점에서만 바라본 것이지, 그런 직장인들이 틀렸다는 것이 아님을 다시 한번 강조한다.

매일 동쪽에서 해가 뜨는 것처럼, '어제와 같이 오늘도, 내일도'라는 생각으로 살다 보면, 당장은 직장생활이 안정적이라고 느낄지 모르지만, 언젠가 낭떠러지로 떨어질 수도 있다는 사실을 알아야 한다. 항상 대비를 해야 하고, 이왕 대비할 생각이면 대비에 그치지 말고 큰 꿈을 가지고 진짜 후회 없는 삶에 도전해 보길 바란다.

선택은 각자의 몫이다. 정년까지 직장에서 버틸 것인지, 부자가 되기 위해 포기하지 않고 도전할 것인지? 우리는 단지 '선택'만 하면 되고, '포기'만 안 하면 된다. 그럼 무조건 부자가 될 수 있다.

저축
돈의 소중함을 배우는 단계

돈을 모아봐야 돈의 소중함을 알고, 그래야 실패를 줄일 수 있다. 저축하는 기간에 내가 많은 고생을 했기 때문에 신중하게 쓸 것이고, 신중하게 접근하는 만큼 실패할 확률도 줄어든다.

투자를 했다가 잘못되어 투자금을 날린다면 저축한 기간만큼의 시간을 소모하게 되고 어쩌면 재기가 불가능할 수도 있다. 따라서 실패를 최소화하기 위해서는 투자금을 신중하게 써야 하고, 신중하기 위해서는 그 투자금이 처절한 저축을 통해 만든 피눈물이어야 한다. 즉, 저축을 통해 돈의 소중함을 배울 필요가 있는 것이다. 물론 실패를 통해 많은 교훈을 얻은 다음 성공의 밑거름으로 쓸 수도 있다. 가령 정말 힘들게 모은 돈으로 투자를 했다가 실패했다면, 그 실패의 교훈은 쉽게 생긴 돈으로 투자했다가 실패해서 얻은 교훈보다 훨씬 깊게 새겨진다.

사실 저축을 하면서 현금을 그냥 가지고 있는 행위 자체는 자본주의 측면에서 그리 바람직한 행동은 아니다. 자본주의에서 화폐라는 것은 교환을 하는 순간 그 가치가 실현되기 때문에 교환하기 전까지는 교환이 가능한 잠재적 기회만 있을 뿐이다. 아울러 국가에서는 지속적으로 화폐를 발행하기 때문에 공급과 수요의 원칙에 따라 화폐 그 자체만의 가치는 하락할 수밖에 없다. 현실이 이렇다면 교환이라는 기회를 통해 화폐의 가치를 보존 또는 증대해야 한다.

　　이런 이유가 있음에도 저축이 필요한 이유는 저축이 단지 투자를 위한 종잣돈을 마련하는 데 그치지 않고, 돈의 소중함을 배우는 과정이기 때문이다. 저축을 독하게 해본 사람은 그 고통의 시간과 인내를 겪어봤기 때문에 투자금을 잃지 않기 위해 더욱 신중하게 투자에 접근한다. 따라서 저축경험이 없이 바로 투자를 시작한 사람보다 향후 실패 확률을 줄일 수 있으며, 설사 실패를 하더라도 재기할 수 있는 잠재력이 더 크다.

　　저축이 중요한 이유를 두 가지로 다시 정리하면 다음과 같다.

　　첫째, 투자를 하기 위해서는 일정 금액의 자본이 필요하고 직장인은 근로소득을 통해 자본을 모아야 한다. 다시 말해 누구라도 투자를 하기 위해서는 최소한의 종잣돈이 필요하므로 저축이 필요하다. 하지만 저축으로 종잣돈이 모이면 자본주의 측면에서 현금을 계속 보유만 하는 것이다. 단기 전략적 행동이 아닌 이상 물가상승률만큼 돈의 가치가 하락하기때문에 다음 행동은 투자로 이어져야 한다.

　　둘째, 저축을 통해서 종잣돈의 소중함을 배울 수 있기 때문이다. 재차 강조하지만 저축이라는 고통과 인내의 경험은 투자라는 스포츠를 하면서 초심을 잃지 않게 해주는 기초체력인 셈이다.

저축을 하는 방법적인 측면에선, 소비와 저축의 순서를 정하는 것이 효율적이다. 통상 많은 이들이 소비하고 남는 돈을 저축하고자 하는데 이는 옳은 방법이 아니다. 목표로 하는 저축액을 빼고 나머지를 가지고 소비계획을 세워야 한다.

투자를 하지 않는다는 전제하에 소비와 저축은 반비례한다. 소비가 커질수록 저축은 작아질 수밖에 없다. 개인마다 처한 상황이 너무 달라 처음 저축을 얼마를 해야 하는지 제시하긴 어렵지만, 각자 수립한 저축목표를 달성해서 그 성취감과 돈의 소중함을 우선 배우길 바란다.

결정
부자는 선택과 실천의 문제

과연 어느 정도 공부를 하고 투자를 시작해야 할까?

운전에 비유하면 면허만 취득하고 바로 운전을 시작하는 것이 좋다. 면허 취득은 운전할 수 있는 최소한의 조건이지, 면허를 취득했다고 운전을 잘하는 것은 아니다. 면허는 신호등, 도로표지판 보는 법, 안전법규, 자동차 조작법 등 말 그대로 사고 없이 운전할 수 있는 기본만 알면 취득이 가능하다. 운전을 잘하기 위해서는 꾸준히 다양한 운전 경험을 쌓아야 한다. 보험료가 경력에 따라 낮아지는 것도 이런 이유 때문이다.

투자도 마찬가지로 경험을 하면서 배우는 것이 제일 좋다. 투자를 하기 위해 알아야 할 기본적인 것들을 숙지했다면 일단 해보는 것이 중요하다. 본인이 하고자 하는 투자의 기본은 책, 유튜브, 강의, 스터디 모임 등 다양한 방법을 통해 배울 수 있고, 자신이 투자 면허를 취득했는지는 스스로 판단해야 한다.

여기서 경계해야 할 것이 실수를 하지 않기 위해 너무 많은 공부를 하는 것이다. 책 100권은 강의 10번과 비슷하고, 강의 10번은 경험 1번과 비슷하다. 말 그대로 '百공부 不如 一경험'인 것이다. 저축을 통한 종잣돈이 마련되고, 투자의 기본을 공부했다면 일단 투자를 실행하기 바란다.

다만 공부를 많이 해도 막상 투자를 하려면 불안한 마음이 들 수 있다. 이럴 때 필요한 것이 바로 투자에 대한 강한 마인드이다. 첫 투자를 실행하게 하는 원동력이나, 혹여 첫 투자에 실패했더라도 다시 도전하게 하는 원동력은 바로 강한 마인드이다.

강한 마인드는 원효대사 해골 물처럼 물 한 잔 마신다고 생기는 것은 아니다. 뒤돌아보면 나는 스스로 강한 투자 마인드가 생기는데 약 8개월 정도 시간이 걸린 것 같다. 투자에 대한 기본지식은 책 몇 권 읽거나 강의를 수강하면 어느 정도 익힐 수 있으나, 스스로의 마인드를 바꾸는 것은 더 오랜 시간이 필요하고, 훨씬 더 중요한 일이다.

'대출은 위험해, 난 안정적인 것이 좋아, 여유자금이 생기면 그때 하지 뭐, 투자했다가 내 원금 잃으면 절대 안 되는데' 등등 투자를 방해하는 마인드는 지금까지 살아온 습관과 생각으로 인해 바꾸기 쉽지 않다. 투자와 대출은 무서우면서, 앞으로 닥칠 자신의 불안정한 노후는 왜 무서워하지 않는지 모르겠다. 안정에 익숙해지면 자신이 불안정해졌을 때 대처할 수가 없다. 안정적인 직장이 인생을 책임져 주지 않는다. 안정적인 직장은 내 건강과 노동력이 안정적이라는 조건에서만 유효한 것이다.

우리는 다치거나 사망할 것을 우려해서 보험을 든다. 보험에 들었다는 것 자체는 스스로 자신이 잘못될 수 있다는 것을 인정한 것이다. 그렇다면 내가 잘못됐을 때 가입한 보험이 내 인생을 책임져 줄까? 당장 수술비와 입원비, 일정 기간의 생활비 정도는 보장될 수 있다. 그나마 값비싼 보험을 들었고, 위기 후 복직이라도 해서 생계를 이어가면 다행이다. 힘들게 일해서 받은 월급이 안 그래도 적은데, 잘못됐을 때를 대비해서 또 일정 금액을 매월 보험회사에 자동이체한다는 건 자신이 잘못될 확률에 투자하는 것과 마찬가지다.

내가 잘못됐을 때, 복직할 때까지 매달 생활비 100만원씩 주는 보험상품이 있다고 가정하자. 이왕 투자를 하려면 내가 잘못되지 않아도 매달 100만원씩 주는 상품에 투자하는 것이 낫지 않을까? 그런 상품이 어디 있는지는 본인이 찾아야 한다. 이렇게 매력적인 상품은 보험회사가 예쁘게 세팅해서 대중들에게 팔지 않는다. 본인이 직접 상품을 만들어서라도 그렇게 해야 한다. 그런 상품을 만드는 것은 가능의 문제가 아니라 절실함의 문제이다.

거듭 강조하지만 근로소득을 통해 번 귀여운 월급을 어떻게 해야 하는지 잘 생각할 필요가 있다.

투자
월급만큼 현금흐름 만들기

투자마인드의 바이블이라고 할 수 있는 로버트 기요사키의 책 〈부자 아빠 가난한 아빠〉에서는 자산과 부채의 차이를 명확하게 정의하고 있다. 그 정의는 자산은 매입했을 때 소득이 나오는 것이고, 부채는 매입했을 때 비용이 나가는 것이다.

대부분 사람들이 부동산을 자산이라고 생각하지만 꼭 그렇지만은 않다. 부동산을 매입해서 월세를 받는다면 자산이지만, 내가 대출을 받아 아파트를 사서 실거주를 한다면 매월 대출 원리금이 나가기 때문에 부채이다. 물론 그 아파트가 나중에 시세가 크게 올라 팔았을 때 그동안 낸 이자를 상쇄하고도 남는다면 그땐 자산이 되겠지만, 살던 집을 팔고 노숙을 하거나 더 안 좋은 집으로 이사하지 않는 이상 자산이 되긴 힘들다.

나는 부동산에만 투자를 하고 있지만, 찾아보면 꼭 부동산이 아닌 자산의 종류도 많다. 내가 없어도 되는 사업(주인은 나지만 사업체는 다른 사람이 운영하거나 관리하는 시스템), 주식, 채권, 뮤추얼 펀드, 사용료가 나오는 지적재산권(음원, 원고, 특허 등) 등 다양한 자산들이 있다. 서두에서도 말했지만 현금을 가지고 있는 것이 단기 전략적으로 올바른 판단일 수는 있겠으나, 일반적으론 그렇지 않다. 어디든 투자를 해야 한다. 반드시 기억해야 할 것은 부채가 아닌 자산에 투자해야 한다는 점이다.

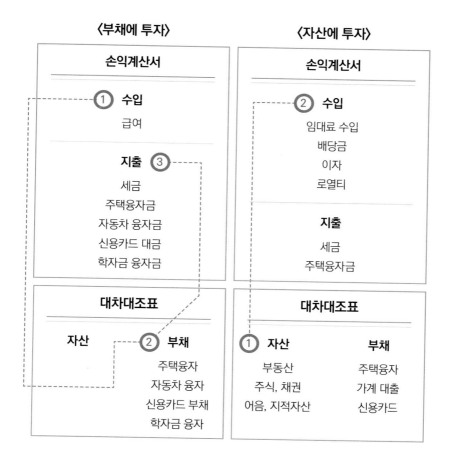

자산에 투자해서 월급만큼 현금흐름을 만들어라!

말은 쉽지만 부자가 되는 과정에서 이는 현실적으로 가장 어려운 단계 중 하나이다. 대부분의 직장인이 이 단계에서 고민하다가 포기한다. 내가 이 책을 낸 이유도 바로 투자를 꿈꾸는 직장인이 이 단계를 성공적으로 넘어가는 데 도움을 주고 싶었기 때문이다. 직장생활 하면서 주변의 동료들에게 가장 많이 들었던 질문도 바로 이 단계이다. 그래서 이 책에 그동안 했던 많은 자문과 코칭 내용을 최대한 담으려고 노력했다.

이 책 전반에 걸쳐 설명할 예정이지만, 먼저 어디에 투자해야 하는지를 조금 살펴보자. 로버트 기요사키가 말했던 것처럼 자산에 투자해야 하는데, 개인적으로 부동산에 투자하는 것을 추천한다. 대부분 직장인은 내가 거주할 집을 매입하기 위해 아파트나 빌라를 알아보거나, 분양권(청약)을 알아보면서 투자에 눈을 뜨기 시작한다. 자연스럽게 내가 알아봤던 아파트나 빌라로 투자를 시작할 것이고, 대부분 그 분야에서 계속 투자를 하려고 한다.

여기서 두 가지를 조언하고자 한다.

첫째는 다양한 종목의 부동산에 관심을 가져야 한다. 많은 이들이 아파트나 빌라를 사는 만큼 수요도 많지만 그만큼 경쟁도 치열하다. 따라서 다른 부동산 종목에도 관심을 둘 필요가 있고, 그러다 보면 자신에게 맞는 주 종목이 생길 것이다. 둘째, 언젠가는 수익형 부동산을 해야 한다. 아파트나 빌라를 매입해서 월세 세입자를 들이면 매월 현금흐름이 발생하기 때문에 수익형이 될 수도 있지만, 통상 아파트나 빌라는 차익형 종목으로 본다.

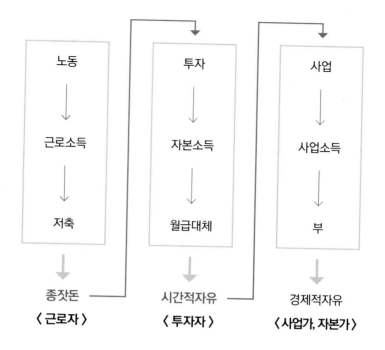

종잣돈

1. 차익형투자(종잣돈 불리기)
  – 빌라, 아파트 GAP투자, 분양권, 입주권
  – 경매(단타투자)
  – 신축 분양
  – 토지

2. 수익형투자(현금흐름 만들기)
  – 상가, 오피스텔, 지식산업센터
  – 경매(월세세팅)
  – 수익형 건물(원룸,다가구)
  – 꼬마빌딩

월급대체
(시간적 자유)

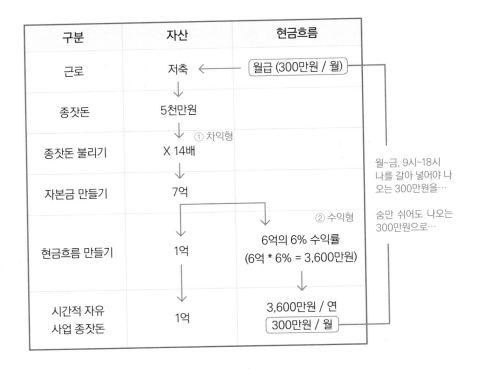

구분	자산	현금흐름
근로	저축 ←	월급 (300만원 / 월)
종잣돈	5천만원	
종잣돈 불리기	X 14배 ① 차익형	
자본금 만들기	7억	
현금흐름 만들기	1억	② 수익형 6억의 6% 수익률 (6억 * 6% = 3,600만원)
시간적 자유 사업 종잣돈	1억	3,600만원 / 연 300만원 / 월

월~금, 9시~18시 나를 갈아 넣어야 나오는 300만원을…

숨만 쉬어도 나오는 300만원으로…

　　대체로 주거용 부동산은 수익률이 낮다. 이 때문에 아파트나 빌라 만을 고집한다면 자산이 증식할 수는 있겠지만, 월급을 대체할 현금흐름을 만들기는 어렵다. 결국 계속 회사에 다녀야 한다는 말이다. 처음엔 투자금을 늘리기 위해 차익형 투자를 하겠지만, 동시에 수익형 부동산에도 많은 관심을 가져 빠르게 시간적 자유를 찾기 위해 노력하는 것이 필요하다. 진정한 차익형 투자는 시간으로부터 자유로운 이후에 하는 것이다. 수익형은 시간의 자유를 주고, 차익형은 경제적 자유를 준다.

퇴사
월급은 마약이다

　월급이 300만원인데, 300만원의 추가 부수입을 만들었다고 가정하자. 혼자서 맞벌이를 하는 셈이다. 그렇다면 '어차피 하던 일도 계속하면서 월급은 2배로 나오는데, 회사 계속 다니면서 여유롭게 살면 되지 않나?' 라고 생각할 수도 있다.

　일단 자신이 일하지 않아도 월급만큼 수익이 나오는 단계까지 왔다면 그것만으로도 대단하다. 여기서 사람들은 두 가지 선택지를 놓고 고민한다. 계속 일을 하면서 매월 600만원을 받을 것인가, 아니면 300만원의 자본소득을 기반으로 시간적 자유를 얻어 자신이 하고 싶은 것을 할 것인가? 이것은 자신의 근무시간과 노동력을 월급 300만원과 바꿀 것인지, 말 것인지에 대한 선택이다.

　계속 회사에 남겠다면 자신의 가치가 월급 300만원(꾸준히 직장을 다닌다면 연봉은 오르겠지만)으로 매겨지는 것과 같다. 회사 일이 나의 천직이고, 꼭 월급 때문이 아니더라도 이 일을 통해 내가 뭔가 배우는 것이 있거나 인생의 큰 의미가 있다면 회사를 계속 다녀도 좋지만, 개인적으로는 자신의 인생을 월급과 바꾸지 말고 새로운 것에 도전해보기를 추천한다. 이는 꼭 추가 수입을 벌어들이지 못하더라도 직장인이 아닌 자연인으로서 자신이 진정 하고 싶은 일이 무엇인지 찾을 수 있기 때문이다.

직장인 대부분이 학창시절부터 정해진 교육을 받고 대학을 나와 직장에 다니면서 사실 자신의 꿈이 무엇인지도 모르고 살아가고 있다. 새로운 꿈을 다시 꾸고 현실화하는데 가장 큰 적이 월급이다. 이 월급은 내가 진정한 행복을 추구하는 것을 한 달에 한 번씩 방해하고 시야를 흐리게 한다. 회사는 월급이라는 달콤한 마취제를 통해 쓸데없는 생각을 못 하게 하고, 여러분의 인생과 노력이 회사의 이익을 위해 레버리지 되도록 하는 것이다.

돈보다 중요한 것이 때(시기)라는 것은 공감할 것이다. 때(시기)를 통제하기 위해서는 시간으로부터 자유로워야 한다. 아무리 돈이 많아도 살 수 없는 것이 시간이다. 그 소중한 여러분의 시간을 사실은 회사가 월급을 주면서 사고 있는 것이다. 수많은 사람들의 시간을 사서 이익을 내면서 정작 회사 자체는 자유를 얻고 있다. 이토록 귀중한 여러분의 시간을 단지 월급이라는 마약에 취해 팔아버릴 것인가?

그럼에도 퇴사는 신중할 필요가 있다. 나는 투자에서 비교적 위험을 감수하는 편에 속한다고 생각한다. 충분한 공부와 준비를 했다고 판단하면 위험을 감수하고 일단 진행해보는 편이다. 이런 성향의 나마저도 정말 신중하게 결정하라고 말하고 싶은 부분이 바로 퇴사이다.

하지 말라는 것이 아니다. 신중하게 하라는 것이다.

이미 월급만큼 수입이 있더라도 처음엔 휴직이라는 제도를 활용하길 추천한다. 회사는 월급 외에도 4대보험과 신용을 주기 때문이다. 당장 현금흐름이 있지만 소속이 없다면 건강보험료가 올라갈 수 있고, 금융권에서 신용도가 낮아지기 때문에 신용대출 연장이 안 될 수도 있다. 아울러 회사복지를 통한 대출이나 혜택을 받고 있다면 이를 상환해야 하는 경우도 있다. 투자를 할 때 공격적으로 하는 것이 좋지만, 퇴사를 결정할 때만은 안정적으로 하는 것이 좋다.

내가 생각하는 퇴사 전에 점검해야 할 몇 가지는 다음과 같다.

첫째, 최소한 월급만큼의 수입은 만들어 놓자. 여기서 포인트는 '최소'이다. 부수입이 다소 유동적일 경우 최소치가 월급만큼은 나올 때 퇴사를 고민하는 것이 좋다. 만약 가정이 있다면 더욱 그렇다. 현금흐름은 생계를 넘어 생존과도 직결되는 부분이며 가정의 파탄까지 불러올 수 있으므로 최소한의 생계비는 보장되는 수준이 되어야 한다. 만약 퇴사후 다른 일을 준비할 계획이었는데 생계의 위협을 받는다면, 준비를 하는 과정에서 정확한 판단을 하지 못해 더 큰 위험에 빠질 수 있다.

둘째, 비슷한 맥락에서 실거주하는 집 한 채는 있는 것이 좋다. 집에 담보대출이 없는 것이 안정적이며, 만약 대출이 있다면 자신이 벌어들인 부수입에서 월 대출상환액을 제외하고 판단해야 한다. 사람마다 가치관이 다르지만 개인적인 투자 원칙은 거주와 투자를 분리하는 것이며, 거주의 안정이 되어야 투자를 할 때 판단력이 흐려지지 않는다고 생각한다. 퇴사 역시 마찬가지이다. 퇴사 이후 생활에 흔들림이 없기 위해선 주거의 안정이 우선되어야 한다.

셋째, 퇴사 이후 하고 싶은 일이 있을 텐데, 여유가 된다면 퇴사 전에 미리 그 일을 조금 경험해보기를 추천한다. 물론 월급을 대체하는 부수입의 확장에 초점을 둔다면 상관없지만, 전혀 새로운 분야에 대한 도전이라면 미리 해보는 것이 좋다. 가령 퇴사를 하고 계속해 오던 투자를 지속해서 전업투자자가 되겠다고 하면 예외겠지만, 투자를 통해 얻은 시간적 자유를 통해 카페사업을 하고 싶다면, 퇴사 전에 미리 카페에서 알바라도 해봐야 한다. 앞서 퇴사 전 휴직을 추천했던 것과 비슷한 내용인데 회사에서 완전히 적을 없애기 전에 충분한 버퍼를 두어 퇴사 이후 삶에 연착륙할 수 있도록 해야 한다.

넷째, 월급을 대체하는 현금흐름에 대한 점검이 필요하다. 가령, 자신이 에어비앤비 호스트를 하면서 얻는 수입으로 월급을 대체하겠다고 하면, 관광업에 영향을 줄 코로나19 사태 등에 대비해, 월세로의 전환이나 셰어하우스 등 차선책을 가지고 있어야 한다. 또 상가투자를 통해 월세를 받아 월급을 대체하고 있다면 상가를 매입할 때 받았던 대출도 한번 점검해보자. 혹시 금리가 오를 일은 없는지, 은행에서 대출 연장을 계속해줄지, 갑자기 원금상환을 요구할 경우는 없을지 등, 생존과 연결되는 월급 대체재에 대해서는 한번 더 점검해보는 것이 좋다.

이 외에도 신용대출 상환계획, 퇴사 이후 삶(사업 등)을 준비하기 위한 종잣돈 등, 퇴사를 하기 전에는 다양한 관점에서 신중하게 점검하고 결정하기를 바란다.

부장님보다 돈 잘 버는 직장인의 부동산 투자

사업
자영업이 아닌 사업을 하자

    사업이 좋고, 자영업이 나쁘다는 것이 아니다. 또 자영업과 사업의 기준이 모호한 부분도 있다. 다만 명확히 다른 점이 있는데, 이를 정확히 알 필요가 있다.

    자영업은 스스로를 고용해서 자신이 일을 하는 것이다. 고용주가 회사가 아닌 자신으로 바뀌었을 뿐이고 자신이 없으면 수익이 나지 않는 것이 자영업이다. 사업은 시스템이다. 자신이 만들어 놓은 시스템이 돈을 버는 것으로, 그 시스템이 스스로 일을 하고 돈을 버는 것이 사업이다. 대표적인 것이 임대사업이다.

    직장인들이 사업이라고 하면 보통 치킨집, 편의점, 프랜차이즈 창업 등을 흔히 생각한다. 그러면서 사업을 하면 열 명 중 아홉 명은 망할 것처럼 생각하고 회사 안이 가장 안전하다고 착각한다. 직장인이 생각하는 치킨집, 편의점이 망하는 이유는 그들의 선배들이 회사를 퇴직하고 딱히 준비한 것이 없어서 어쩔 수 없이 창업을 했기 때문이다. 치킨집이 무조건 망하는 게 아니라 창업자가 전문성이 없고 준비가 부족해서 망하는 것이다. 평생 직장에서 누가 시키는 일만 하던 사람이 갑자기 창업을 하면 당연히 실패를 겪을 수밖에 없다.

단순히 아파트나 빌라 임대를 하는 것 외에 사업 시스템을 만드는 것은 어려운 일이다. 처음부터 바로 만들어지는 것이 아니고 처음엔 어느 정도 자영업을 하면서 기반을 만들어야 한다. 그리고 궁극적으로 누군가에게 위임해서 스스로 돈이 벌리도록 하는 방향으로 나아가야 한다. 다른 사람이 위임을 받아도 돌아갈 만큼 견고한 시스템을 만드는 것이 중요하다. 우리가 바라는 것은 시간적, 경제적 자유이지, 스스로를 고용해서 일을 하는 것은 아니기 때문이다.

사업이 자영업과 달리 자신이 없어도 스스로 돈을 버는 시스템이라고 하면, 직장에 다니면서 사업을 구축해서 현금흐름을 만들고 퇴사를 하면 되지 않을까? 이렇게 생각할 수도 있다. 그러나 앞에서 사업이 아닌 투자를 먼저 해서 월급의 대체재를 만들라고 한 이유는 바로 배팅액이 다르기 때문이다.

투자는 실패했을 때 투자금을 잃지만, 사업은 실패하면 인생을 잃는다. 직장에 다니면서 사업을 구축해서 탄탄한 현금 흐름을 만드는 것은 굉장히 어려운 일이다. 간혹 퇴사를 하고 사업을 준비하는 사람이 있는데, 준비가 되지 않은 채 퇴사하는 것은 매우 위험한 행동이다. 물론 배수의 진을 쳐야 사업 구축에 더 집중할 수 있다고 생각할 수도 있지만, 생계보장 기반이 되어야 좀 더 정확한 판단을 할 수 있다. 사업을 추진하는데 생계가 달려 있으면 조급해지고, 조급하다 보면 그릇

된 판단을 통해 돌아올 수 없는 강을 건널지도 모른다.

투자와 사업 모두 돈을 벌기 위한 행위이지만, 투자보다는 사업이 좀 더 돈을 버는데 최적화된 행위이다. 돈을 버는 것이 목적인 수많은 기업들이 투자보다 사업을 통해 돈을 버는 것을 보면 알 수 있다. 다만 투자가 사업만큼 빠르게 매출을 만들기는 어렵지만, 직장에 다니면서 충분히 병행할 수 있고, 앞서 언급했던 것처럼 근로소득이 있기 때문에 혹시 투자금을 잃는다 하더라도 나락으로 떨어지진 않는다. 물론 투자금을 잃으면 안 된다.

따라서 조금 늦더라도 투자를 통해 탄탄한 현금흐름을 만들어 근로 생활에서 해방을 하고, 그다음 사업에 집중할 필요가 있다. 사업 준비에 관해서만 얘기해도 책 몇 권을 쓸 수 있겠지만, 이미 서점에 관련된 수많은 서적들이 있으니 필요하다면 그 책으로 공부하기 바라며, 여기서는 사업보다는 투자를 통한 근로소득 해방에 포인트를 두고 설명한다.

투자에 실패하면 투자금을 잃지만, 사업에 실패하면 인생을 잃는다고 했다. 이는 사업에 성공하기 위해서는 인생을 걸어야 할 만큼 집중하고 준비를 잘할 필요가 있다는 의미이다. 만약 사업에 실패한다고 실패한 모두의 목숨이 위험하다면, 아무리 99%의 가능성이 있다 하더라도 1%의 위험 때문에 시작하진 않을 것이다. 사업실패 후 옳지 않은 선택을 하는 소식은 극단적인 경우일 뿐이다. 아무리 시간적 경제적 자유를 위해 노력하더라도 목숨이 위험할 정도로 배팅을 하는 건 옳지 않다. 따라서 사업은 투자처럼 해야 한다.

투자는 실패하면 투자금을 잃는다. 물론 정신적인 피해도 있지만 그 투자금이 만약 잉여금이었다면 사실 인생에 큰 타격은 없다. 물론 다시 저축을 통해 종잣돈을 만들어야 하는 수고스러움과 시간 낭비는 있겠지만, 그만큼 투자실패를 통해 배우는 것이 있다. 하지만 자신의 근로소득으로 감당이 안 될 정도의 대출이나 사채를 써서 투자했는데 실패했다면 말이 달라진다.

뒤에서도 말하겠지만 나는 레버리지를 극대화하는 것이 맞다고 생각하는 사람이다. 하지만 이는 어디까지나 스스로 감당할 수 있는 수준에 한해서이다. 실패 없는 투자는 없다. 실패 없는 투자는 투자가 아니다. 투자는 필연적으로 어느 정도의 리스크가 있기 때문에 이를 줄이기 위해 공부를 하라는 것이다. 리스크가 없는 것은 그냥 구매, 적금 등으로 누구나 돈만 있으면 구현할 수 있는 수익률에 불과하다.

투자는 감당할 수 있는 범위에서 투자금을 활용해야 하고, 사업을 투자처럼 하라는 것은 스스로 감당할 수 있는 범위에서부터 시작하라는 의미이다. 만약 이 사업에 실패했을 때 자신이 잃는 것이 무엇인지 생각해보고, 그것을 잃었을 때 자신 인생과 생계에 지장이 있는지 없는지를 생각해야 한다. 일단 감당 가능한 범위에서 사업을 시작하고 조금씩 키워가거나 확장하는 것이 바람직한 방법이다. 사업을 확장할 때도 꼭 감당하기 어려운 만큼 투자를 받아 일을 벌이다 부도가 나는 경우가 허다하다. 사업을 키워 나갈 때도 잃어도 되는 만큼의 리소스를 투입해 가면서 천천히 탄탄하게 키우는 것이 좋다. 비록 내가 사업 전문가는 아니지만, 투자를 하다 보면 사업을 어떻게 해야 할지도 알게 된다.

앞서 투자와 사업의 다른 점을 설명했지만, 결국 내가 돈을 벌고 자유를 얻기 위해 하는 과정임에는 같다. 우리는 그 과정을 통해 많은

부장님보다 돈 잘 버는 직장인의 부동산 투자

것을 배우고 결국 성공을 해야 한다. 물론 도중에 실패할 수도 있고, 또 실패해야 많은 것을 배우기도 한다. 하지만 실패를 하더라도 충분히 재기할 수 있을 만큼 지혜롭게 할 필요가 있다.

성장
지금 리그에 만족할 것인가?

부자를 꿈꾼다면 현재에 만족하지 말고 사업소득으로 만든 자본을 재투자해서 더 큰 부자가 되어야 한다.

대한민국에는 정말 부자가 많고, 그 부자는 우리가 생각지도 못할 정도로 많은 돈을 가졌고, 그만큼 대단한 사람들도 많다. 축구나 야구 같은 스포츠에도 리그가 있듯이 인생에도 리그가 있다. 다시 한번 강조하지만 경제적인 것으로 위아래 리그를 나눠 사회적 분열을 조장하고 싶은 생각은 없다. 다만, 자본주의 사회에서 자본(돈)이 곧 힘인 것은 부정할 수 없는 사실이고, 대부분이 경제적으로 성공하고 싶다는 생각을 가진 것도 분명한 사실이다. 각자의 행복 기준과 인생 가치관이 다르지만 오로지 경제적인 관점에서만 접근한 이야기이니 이해해주길 바란다.

먼저 인생에도 리그가 있다는 사실부터 인지해야 한다. 우물 안의 개구리라는 말이 있다.

내가 직장에 다닐 때, 정상 출근시간은 9시지만 평일 오전에 개인적인 일이 있어 팀장에게 양해를 구하고 10시까지 출근을 한 적이 있다. 평소처럼 차로 출근하는데 도로에 차가 많아서 밀리는 건 마찬가지였다. '도로에 이 많은 사람들은 출근 안 하나? 이 사람들 출근 시간은 9시까지가 아닌가?' 하는 생각이 절로 들었다.

누구나 자신의 경험을 토대로 세상을 바라본다. 자신이 살아온 방식이 세상을 바라보는 잣대가 될 수밖에 없다. 세상엔 직장인만 있는 것이 아니고, 같은 직장인이라 하더라도 전부 9시까지 출근하는 것은 아니다. 물론 대부분의 사람들이 회사에 다니며 9시까지 출근하기는 한다. 그래서 출퇴근 시간에 교통량이 많은 것은 사실이다. 하지만 그걸 감안하더라도 평일 업무시간에 도로에는 차가 많다.

나는 나름 국내 굴지의 대기업에 다니며 과장 직급에 맞는 연봉을 받고 있었다. 그럼에도 벤츠 E클래스와 BMW 5시리즈를 사기에는 부담되었다. 도대체 도로의 수많은 E클래스와 5시리즈는 누가 타고 다니는지 궁금했던 시절도 있었다. 이 세상에 나와 다른 삶을 살아가는 사람들이 많다는 것을 빨리 인지해야 한다. 이것을 인지하는 순간 기존 자기 삶의 방식과 프레임을 빠르게 깰 수 있고 더 큰 도전을 할 수 있다.

2018년 여름 서울 강남 삼성동의 모 아파트 실거래가가 100억원을 돌파했다는 기사를 봤다. 수십억이 넘는 강남의 아파트가 완판되고, 반지의 제왕 사우론처럼 미래 우주에서 볼 법한 롯데타워 시그니엘도 없어서 못 판다고 한다. 이런 소식을 들을 때 무슨 생각을 하는가? 언제까지 다른 세상이라고 생각하고 출근 준비를 할 것인가?

사람은 자기 스스로 한계를 두는 버릇이 있다. '옆 팀 부장님이 부동산 투자를 잘해서 몇억을 벌었다고 하는데 나도 저 정도만 되면 소원이 없겠다'라는 생각으로 자신의 한계를 정하지 말자. 본인을 과소평가하지 말고 일단 목표는 크게 가지고 직장인으로서 성공이라는 프레임을 깨자. 왜 꼭 성공을 하는데 '직장인으로서' 성공을 해야 하는가? 돈 많이 벌어서 롯데 시그니엘 들어가서 살라는 뜻이 아니다. 누구는 다른 세상이라고 생각할 때, 스스로 그 사람의 성공 과정을 들여다보고 자신 역시 조금씩 변화를 만들어 가면서 그 길을 따라가는데 실천하면 되는 것이다. "그 친구는 집에 원래 돈이 많아서 가능하지", "그 친구는 결혼은 했는데 애가 없으니 가능하지" 등등, 내가 뭔가 실행할 수 없는 이유를 생각하지 않았으면 한다.

지금의 리그와 지금의 직장생활에 만족하고 행복하다면, 나름의 행복을 누리며 살아가면 된다. 하지만 지금 뭔가 부족하고 꿈이 있기 때문에 이 책을 읽고 다른 투자서나 자기계발서를 읽는 것이 아닌가? 1부에서 50부리그까지 있다고 가정했을 때, 스스로 한계를 정하지 말고 일단 상위 리그로 올라가기 위해 천천히 꾸준히 노력하고 실천하길 바란다. 물론 현실적으로 모두가 1부리그로 갈 순 없다. 그리고 모두가 1부리그로 들어가는 것을 목표로 삼으라고 강요할 수도 없다. 다만, 스스로 한계와 프레임에 갇혀 적당한 목표를 세우지는 말았으면 한다. 현재의 삶의 틀을 크게 깨고 싶지 않고, 적당히 돈 좀 벌고 여유만 있으면 된다는 생각으로는 경제적 자유를 얻지 못한다. 큰 틀에서 깨고 나온다는 생각으로 큰 목표를 가져야 부자가 될 수 있다.

당신의 꿈이 무엇인가? 언젠가부터 꿈이 무엇인지도 모르고 그저 흘러온 대로 살다가 생계를 위해 오늘도 어제처럼 살고 있지는 않은 가? 꿈이 있지만 현실적인 부분 때문에 스스로 그것을 잊고 살았나? 그렇다면 지금부터라도 삶의 프레임을 깨고 조금씩이라도 어제와 다른 오늘을 살고자 노력하면 언젠가는 지금의 리그가 아닌 자신이 원하는 리그에서 인생을 즐기고 있을 것이다.

자유
경제적 자유인 되기

전에 TV에서 한 가족의 생활을 본 적이 있다. 두 남녀가 어린 나이에 만나 결혼해서 30세가 조금 넘었는데 벌써 다섯 아이의 부모였다. 아빠는 택배회사에서 근무했고 엄마는 아이를 키우는 전업주부였다. 사실 평범한 가족이라고 보기엔 어려웠기에 방송국에서 촬영도 했을 것이다. 그 부부와 아이들은 누가 봐도 행복해 보였다.

인간의 궁극적인 목표는 행복이다. 내가 경제적인 성공을 얘기하고 있지만, 행복의 기준이 반드시 경제력에 따라 결정되는 것은 아니다. 하지만 대부분의 사람들이 행복해지기 위해 경제적인 성공을 우선 하려고 애를 쓴다.

다섯 아이의 아빠 역시 이미 행복하지만, 그 행복함을 유지하기 위해 지속적으로 일을 하면서 돈을 벌어야 한다. 그 아빠는 아내와 아이들 때문에 행복한 것이지, 택배회사에서 일을 하기 때문에 행복한 것은 아니다. 결국 자본주의 사회에서 행복을 찾거나 유지하기 위해서는 대부분의 경우에 돈이 필요하다. 물론 산속에서 풀만 뜯어 먹으며 돈 없이 살아도 행복한 사람이 있다면 그것은 예외일 수 있다.

자본주의 사회에서 돈은 곧 힘이다. 그 돈이 나에게 시간적 여유와 많은 선택권을 갖게 해주기 때문이다. 그 여유와 선택권이 편리성을 갖다 주지만 행복함마저 갖다 주지는 않는다. 즉, 돈 자체가 행복이 될 수는 없고, 돈은 그저 행복해지는 데 필요한 수단일 뿐이다.

부자가 되어 경제적, 시간적 자유를 얻었다면 이제 할 일은 행복해지는 것이다. 여러분이 행복한 인생을 꿈꾼다면 일단은 경제적, 시간적 자유를 얻는 것을 먼저 해야 한다.

지금 행복하다고 생각할지라도 다시 한번 생각해보자. 인간은 본능적으로 자유로울 때 행복하게 되어있다. 지금 자신의 행복이 진정한 행복인지, 현실과 타협한 행복인지 고민해보자. 만약 내 의견에 반대한다면, 우선 여러분이 경제적 시간적 자유를 얻고 나서 그게 아니라는 것을 스스로 증명해 주길 바란다.

젊을 땐 돈이 없고, 돈이 많으면 늙었다는 가정?

내 직장 후배 중 한 명은 취미가 여행이었다. 특히 파리 여행을 좋아했는데, 1년에 한 번은 꼭 파리여행을 하곤 했다. 당시 미혼이었기 때문에 1년 동안 모은 돈과 1년 치 연차를 거의 모두 파리 여행을 위해 쓰곤 했다. 그만큼 파리를 사랑했기 때문에 그가 일을 하는 목적은 오로지 1년에 한 번 파리에 가는 것, 즉 1년 52주 중 2주간 파리에 가기 위해 50주를 일하는 셈이었다.

50주를 열심히 일을 하고 고생한 스스로를 위해 2주간의 휴가라는 선물을 주는 것은 당연하다. 하지만 문제는 순서이다. 보람차게 일을 하고 휴식을 위해 휴가를 떠나는 것과 단지 휴가를 가기 위해 일을 하며 버티는 것은 엄연히 다르다. 일을 통해 자아성취 등 다른 목적을 달성할 수 있다면, 50주 열심히 일을 하고 2주간 휴식을 취하는 것도 좋다. 하지만 자신이 살아있음을 느끼는 시간은 1년에 단 2주간의 파리 여행뿐이고, 이를 위해 나머지 50주를 버티는 것은 인생과 시간을 몹시 낭비하는 일이다.

만약 자신이 하고 있는 일이 단지 돈을 벌기 위한 수단이고, 가끔 찾아오는 행복을 맛보기 위해 매일 해가 뜨고 지는 것처럼 지내고 있다면, 비효율적인 삶을 살고 있는 것이다. 우리는 행복해질 권리가 있고, 노력하면 이룰 수 있다는 강한 믿음을 가져야 한다. 기존 생각의 프레임을 깨야 한다. 2주를 위해 50주를 버티는 삶보다는 52주 내내 파리에서 지내겠다는 목표를 가져보자.

젊을 때 하고 싶은 걸 해야 지, 아무리 돈이 많아도 늙으면 필요 없다고 생각한다면 오산이다. 뭐든지 때가 있다. 돈보다 중요한 것이 때(시기)인 것은 맞다. 그렇다면 젊을 때 파리에서 지내면 안 되는가? 왜 꼭 젊을 땐 돈이 없고, 돈이 많으면 늙었다는 가정을 하는지 모르겠다.

또 저축과 투자를 하면 마치 행복을 포기해야 한다는 가정을 세우는 사람들이 있는데, 저축과 투자가 행복과 반비례라는 생각도 사실 틀렸다. 물론 돈을 소비하는 것이 곧 행복이라는 전제가 참이라면 저축과 투자는 불행일 수 있겠으나, 일단 전제가 참이 아니고, 돈을 소비하면 당장은 행복하지만 뒤이어 허탈감도 따라온다. 저축과 투자를 통해 결국 내가 그토록 바라던 삶을 기대하고 상상하는 것만으로도 큰 행복이 될 수 있고, 이러한 목표와 계기가 있어야 더 빠르게 시간적 자유를 얻을 수 있다.

2장

성공하는 투자자가
갖춰야 할 네가지

동기부여
간절함이 없다면 실패하거나 포기하고 만다

빨리 일 그만두고 싶고, 평일에 한가한 백화점에서 쇼핑도 하고 싶고, 차 밀리지 않는 평일에 포르쉐 타고 여행 가고 싶고, 좋은 집에서 한가롭게 사는 상상…. 평일엔 직장에서 치이고, 주말엔 인파에 치이는 직장인이라면 누구나 한 번쯤은 했을 상상이다.

하지만 부자가 되기 위해 노력하는 게 단순히 이런 이유 때문이라면, 그리고 그런 이유만으로도 누구나 부자가 될 수 있다면 직장 다니는 사람 아무도 없을 것이다. 이 말은 곧 부자로 가는 길에 누구나 들어설 수 있지만 쉽지는 않다는 뜻이다. 뚜렷한 목표가 없으면 그 길을 가다가도 월급이라는 마약에 다시 취해서 포기하기 쉽다는 뜻이기도 하다.

부자가 되는 것은 '선택하는 것'이고, '포기하지 않는 것'이다. 선택은 누구나 할 수 있지만, 포기하지 않고 결국 해내는 것은 누구나 하기 어렵다. 저축과 투자를 하다 보면 포기하고 싶은 때가 있다. 당장 하고 싶은 것을 참아야 하고, 퇴근하고 힘들어 죽겠는데 뭔가를 해야 하고, 남들 주말에 쉴 때도 뭔가를 해야 한다. 그런데 당장 성과는 눈에 보이지는 않고, 혹여 투자 실수라도 하게 되면 바로 월급쟁이임에 감사하며 열심히 회사 일을 하고 월급에 감사하게 된다. 아무리 힘들어도 또박또박 급여가 나오고, 당장 여자친구와 즐길 수 있고, 가족과 주말에 나들이 갈 수 있기 때문에 어제와 같이 오늘도 그렇게 살아가는 것이다.

만약 이런 생활이 행복하다면 굳이 부자가 되려고 노력하지 않아도 된다. 이런 사람들은 단지 '돈이 많으면 좋겠다'라고 생각만 할 뿐이다. 그런 사람들 중 운이 좋아 실제로 돈이 많아졌을 때, 오히려 불행해지거나 행복지수는 같은데 다만 생활이 조금 편리해진 것뿐이라고 말하는 사람들도 있다. 로또 1등에 당첨된 성실한 직장인이 결국 가정파탄 나고, 도박에 중독되어 인생 망가진 사례를 심심찮게 들을 수 있다. 또 로또 1등 당첨되어도 직장은 계속 다니겠다고 생각하는 것도 이에 해당한다.

결국 포기하지 않는다고 해도 부자가 되기 위해서는 단순히 돈만 생각해서는 쉽지 않다. 스스로 원하는, 강렬하게 희망하는 무언가 필요하다. 나는 그것을 행복이라는 포괄적인 단어로 표현했지만 그것이 무엇인지는 사람마다 다르다. 단순히 돈만 생각해서 부자가 된 사람도 있다. 그들은 대부분 어릴 적 몹시 가난해서 돈에 맺힌 한을 풀기 위해 오로지 돈밖에 몰라 부자가 된 사람들이다. 엄밀히 말하면 그들의 동기는 어릴 적 가난함에 대한 '한'과 그것을 자기 대(代)에서 끊어야 행복할 것 같다는 강한 소망이었을 것이다.

어릴 적 가난하지도 않고 평범한 집안에서 적당히 공부해서 적당한 회사에서 적당히 살고 있는 사람들은 대부분 회사 열심히 다니면서 적당히 만족하고 살아간다. 그렇게 살다가도 그 적당히가 간절함으로 바뀌는데 그 시기가 보통 40대이다. 아내는 회사를 그만두어 수입이 줄었는데, 아이가 학교에 들어가면서 교육비는 많이 든다. 평생 건강할 것만 같던 자신도 조금씩 눈이 침침해지고 살이 찌면서 몸도 조금씩 고장 날 것 같은 느낌이 온다. 회사에서는 두뇌회전이 빠른 30대가 올라오고 위에는 관록이 상당한 50대가 버티고 있다.

이런 시기가 오면 적당한 삶에서 벗어나 무언가를 희망하기 시작하고, 그 희망이 간절함이 되어 목표가 생기기 마련이다. 그나마 40대라도 목표가 생겨 실천을 하면 다행인데, 관성대로 살다가 50대가 되면 인생의 로드맵을 바꾸기 어려워진다. 로드맵을 바꾸기 위해서는 제 2의 월급이라는 현금흐름을 기반으로 준비를 해야 하는데, 정년이 얼마 남지 않은 50대에 새로운 무언가를 구축하여 퇴사를 준비한다는 것은 큰 의미가 없다. 그저 정년퇴직 이후 노후준비를 남보다 조금 일찍 시작한다는 개념일 뿐이다. 그저 선배들과 똑같은 인생 로드맵을 타는 것이다.

40대도 좋지만 이왕이면 30대나 20대에 목표를 가지고 시작한다면 더 빨리 목표를 달성할 수 있고, 더 오랫동안 윤택한 삶을 살 수 있다. 나 역시 20대에 이런 생각을 가졌다면 더 좋았을 텐데, 생각하면서 회사의 신입사원들이 들어오면 이런 얘기를 해주곤 했다.

내가 볼 때 그들은 운동화를 신고 반바지에 티셔츠를 입고 있다. 아주 가볍게 빨리 뛸 수 있는 조건이다. 하지만 결혼하고 가정이 생기고 아이까지 생기면 운동화는 무거운 군화로 바뀌고 반바지나 티셔츠는 무거운 방탄조끼로 바뀐다. 심지어 K2 소총을 차고 군장까지 멘 것일 수도 있다. 나이가 들수록 점점 책임져야 할 것들도 많아지면서 직장 생활과 투자를 병행하기란 쉽지 않다. 따라서 조금이라도 몸이 가벼울 때 시작해서 빠르게 자리를 잡는 것이 중요하다.

아무리 주변에 얘기를 해줘도 목표가 없는 사람은 하지 않는다. 그들은 잠시 부자의 삶을 상상하면서 다짐을 하곤 하지만 이내 현실로 돌아와 언제 그랬냐는 듯 똑같은 하루를 살아간다. 절박한 계기와 강한 마인드가 없다면 첫 실천은 고사하고 준비하기도 어렵다. 정말 어렵게 시작했다 하더라도 순탄한 길이 아니라서 어려움에 부닥치면 금방 포기하고 만다.

인생계획
막연한 투자는 자유를 가져다주지 않는다

어쨌든 부자가 되겠다고 다짐했다면 큰 목표를 정하고, 그 목표를 달성하기 위한 작은 단계별 목표를 정해서, 각각의 목표를 달성하기 위한 액션 아이템을 정하고 실행해야 한다.

군대에 다녀온 남자라면 행군 한 번쯤 해봤을 것이다. 수십 kg의 군장을 메고 수십 km를 걸어 완주하는 훈련이다. 나 역시 해병대 출신이지만 보병이었기 때문에 꽤 많은 행군을 했다. 행군을 하면서 발바닥의 물집이나 체력적인 부분보다는, 내가 지금 어디쯤 가고 있고 언제 도착하는지, 다음 휴식 타임은 언제인지 모르는 상태로 정처 없이 걷는 정신적인 부분이 더 힘들었다. 같은 거리를 가더라도 내가 어떤 경로로 가고, 어떤 지점에서 휴식을 취하며, 시간 계획은 어떤지 등을 알고 걷는 것과 그냥 아무 생각 없이 걷는 것은 정신적으로 큰 차이가 있다. 정신의 지배를 받는 신체 역시 정신적 상태에 따라 피로도가 달라진다.

투자를 시작할 때도 마찬가지이다. 투자를 통해 월급만큼 수입을 만드는 것은 분명 쉬운 일은 아니다. 이것이 쉽다면 대한민국 직장인 누구나 아마 편하게 회사에 다니고 있을 것이다. 여하튼 쉽지 않은 길을 가기 위해서는 목표와 계획을 수립하고 투자를 해 나가면서 지속적으로 그것을 점검하며 지치지 않는 것이 중요하다.

| 연도 | 나이 | | | 연봉 | 저축 목표액 | 자녀 학교 | 실거 주 지역 | 내집 마련 계획 | 자동 차 | 목표 | |
	본인	배우자	자녀							자산	월급 외 현금 흐름
2021											
2022											
2023											
...	...	...	...	...	...	...	...	...	...	...	...

그림처럼 연도별로 항목별 목표를 정해보자. 어쨌든 당장 월급 외 수익과 부자가 되기 위한 자산형성이 목표이므로 개개인의 상황에 따라 연도별로 그 달성목표를 정해야 한다. 너무 어려우면 포기하게 되고, 너무 쉬우면 나태해지므로 적절한 목표 설정이 중요하다. 그래도 이왕이면 조금 어렵게 목표를 잡고 노력하는 것이 낫다. 단순히 수익과 자산의 목표뿐만 아니라 자녀의 나이에 따른 학교 진학, 살(live)집, 자동차 등도 정해보면 나름의 재미도 있을 것이다.

처음엔 무엇을 통해 얼마나 목표로 잡아야 할지 감이 오지 않겠지만, 그래도 큰 틀에서 우선 정해보는 것이 좋다. 목표는 공부와 경험을 통해 현실적으로 수정해 나갈 수는 있으나, 먼저 계획을 세우는 이유는 이 계획수립 자체만으로도 큰 동기부여가 되며, 혹여 터무니없는 수치의 계획이라 하더라도 어쨌든 그 목표달성을 위해 노력을 하게 만들기 때문이다.

개인적으로 직장에 다닐 때 영업직무를 수행했는데, 매년 달성할 목표가 내려왔다. 회사에서 주는 목표는 아주 간단했다. 가령 올해 매출 50억, 수주 100억을 해야 한다는 식이었는데, 나는 그 목표를 달성하기 위해 상하반기 각각 목표를 정하고, 더 세분화해서 월별 목표를 잡았다. 그렇다면 이번 달 달성할 숫자는 얼마이고, 이를 위해선 내가 누구를 만나서 어떤 비즈니스를 논의하고 제안을 해야 할지 고민을 했다.

회사에서 주는 목표를 달성하기란 생각보다 쉽지 않다. 만약에 누구나 달성할 수 있다면 그것은 목표가 아니고 그냥 해야 할 일에 불과하다. 누구나 목표달성을 위해 계획을 수립하고 실천하지만 연말에 가보면 누구는 초과달성을 하고 누구는 미달하기도 한다. 이처럼 계획을 수립한다고 모두 달성하기는 어렵지만 일단 목표를 잡았으면 세부계획을 수립하고 도전해야 한다.

각자 어떠한 계기를 통해 직장 선배들과 다른 길을 가고자 마음먹었다면, 그것을 달성할 시기는 언제 인지, 시기별로 어떤 작은 목표를 단계별로 달성할지, 이를 위해서는 어떤 준비를 해야 하는지 등, 충분한 고민을 해야 한다. 다소 막연한 얘기일 수 있겠으나 '자산형성과 월급을 대체하기 위한 현금흐름을 언제까지 하겠다', 또는 '내 집 마련은 언제까지 어디에 하겠다' 등, 우선적인 목표를 구체적으로 세우면 된다. 이러한 목표는 연도별로 인생 전체에 걸쳐 세우고 포기하지 않고 하나씩 달성해 나가면 분명 이루어질 것이다.

총알 장전
마인드에 따라 종잣돈이 달라진다

부자가 되기 위해서는 '선택을 하는 것'과 '포기하지 않는 것'이 필요하다고 얘기했다. 이 중 '선택'을 세부적으로 나누자면 '결심'과 '실행'으로 볼 수 있다.

일단 결심하고 실행하면 그다음부턴 포기하지 않고 유지만 하면 된다. 하지만 처음에 결심하고 첫 실행을 옮기기가 어렵다. 경험이 가장 큰 공부라고 말했듯 일단 한번 해보면 그다음부터는 앞서 말한 바와 같이 지속적인 실행만 하면 된다. 한번이 어렵지 두 번째부터는 쉽다. 그 한번을 하기 위해서는 강한 마인드가 필요하다. 즉, 마인드에 따라 어떤 결심을 하는지, 어떤 실행을 하는지가 결정된다.

그렇다면 투자의 종잣돈을 마련하기 위해서는 어떤 결심과 방법이 있는지 알아볼 필요가 있다. 일단 저축을 통해 최소 3천만원의 종잣돈은 마련하는 것이 좋다. 하지만 그 3천만원으로 바로 부동산 투자를 하기엔 다소 부족하다. 물론 지방이나 작은 부동산, 경매 등 다양한 방법으로 충분히 할 수는 있으나 초보자가 바로 실행하기엔 다소 금액이 적은 편이다.

그렇다면 1억이 될 때까지 계속 저축을 할 것인가? 만약 3천만원을 2년 만에 모았다면, 1억을 모으는 데는 적어도 4년이 더 필요할 것이다. 4년이면 요즘 군대를 2번 다녀오고도 남는 시간인데 오로지 종잣돈 1억을 모으기 위해서 그 시간을 사용하기엔 낭비이다.

이미 2년간 3천만원을 모았다면 저축에 대한 고통을 느껴보고 투자금의 소중함도 알았을 것이다. 그리고 2년간 독서, 강의, 모임 등을 통해 많은 공부를 했을 것이다. 아니 해야 했다. 3천만원을 모으는 이유 자체가 종잣돈을 모아 투자를 하기 위함이라면 분명히 그 사람은 2년간 저축하면서 간접경험을 통해 많은 공부를 해야 했다. 물론 직장생활을 병행하면서 공부를 했기 때문에 많은 시간을 쏟진 못했겠지만, 그럼에도 2년이란 시간은 짧은 시간이 아니다. 직접 경험을 하진 못했지만 본인 의지에 따라 실전 투자자 못지않은 지식을 갖출 수도 있을 것이다.

이런데도 4년이라는 시간을 또 공부를 하면서 저축을 통해 1억을 모은다는 것은 다소 비효율적이다. 이젠 레버리지를 통해 4년이라는 시간을 앞당길 결심을 해야 한다. 계속 저축을 하면서 순수한 내 돈 1억을 모을지, 4년을 앞당겨 1억을 레버리지 해서 이제는 투자를 시작할지는 본인의 마인드에 따라 달라진다. 아울러 본인이 저축을 했던 2년간 얼마나 공부를 열심히 했는지는 스스로가 알 것이고, 본인이 충분히 공부를 해서 자신 있다면 충분히 레버리지를 통해 4년의 시간을 앞당길 수 있다.

통상 부동산 투자를 할 땐 매입할 부동산을 담보로 대출을 받아 레버리지 하는 경우가 대부분인데, 지금 말하는 레버리지는 매입 전 투자원금인 종잣돈 자체를 레버리지 하는 것을 가리킨다. 이를 레버리지 하는 방법 중 가장 빠른 것은 바로 신용대출이다. 분명 직장을 1년 이상 다녔다면 은행에서는 직장경력과 연봉 등을 바탕으로 대출을 해 준다. 정말 신용카드 돌려가며 소비하거나 공과금을 연체하지 않는 이상, 직장 성실히 다녔다면 누구나 신용대출이 조금은 나올 것이다.

그러고 나서 할 수 있는 것이 바로 자신이 깔고 앉아있는 집을 통해 레버리지 하는 것이다. 노숙생활을 하지 않는 이상 어딘 가에 살고 있다. 누구는 대학생 시절부터 자취했을 것이고, 누구는 회사에 다니면서부터, 누구는 결혼하면서부터 자신만의 집에 살았을 것이다. 그 밑천은 통상 월세 보증금부터 시작했을 것이고, 일부는 부모의 도움으로 시작했거나, 아르바이트나 월급으로 조금씩 자신의 것으로 만들었을 것이다.

어쨌든 투자를 하기로 결심했다면 수준은 다 다르겠으나, 누구나 본인이 깔고 앉아있는 집을 이용해 레버리지 할 수 있다. '실거주하는 것을 담보로 투자금을 마련했다가 날리면 어떻게 하죠? 그러다가 정말 노숙생활을 하거나 보증금이 없는 고시원에 가야 하는 것 아닌가요?' 이런 걱정이 든다면 이는 자신이 2년간 얼마나 공부를 했는지에 따라 달라질 것이다. 아무리 생각해도 자신이 없다면 4년 더 저축해서 1억을 만들면 된다. 하지만 본인이 저축으로 1억을 만들었을 때 즈음이면 부동산 시세는 4년간 그 이상 올랐기 때문에 투자하기에 부족한 건 마찬가지이다.

　너무 걱정이 많으면 아무것도 할 수 없다. 정말 극단적인 비유이긴 하지만 '투자를 했는데 북한이 쳐들어와서 적화통일이 되면 어떻게 하죠? 투자를 했는데 갑자기 나라가 망하면 어떻게 하죠?'와 같이 극단적 상황까지 가정하여 걱정한다면 아무것도 할 수가 없다.

　이런 걱정을 하는 사람들에게 나는 묻고 싶다. '직장생활만 하다가 교통사고 나서 일을 못 하게 되면 어쩌실 건가요?' 물론 사고 나면 안 되겠지만, 직장생활 하다가 불의의 사고나 큰 질병으로 생계를 위협받는 일은 주변에서 왕왕 볼 수 있다. 오히려 직장 하나만 믿고 사는 것이 안정적인 것처럼 보이지만 확률상 더 리스크가 클 수도 있는 것이다. 해보지도 않고 걱정만 하면서 아무것도 하지 않는 것이 제일 큰 걱정거리라는 사실을 기억해야 한다.

　만약 거주하는 집을 담보로 대출받아 투자금을 마련했는데 다 날렸다고 가정해보자. 그럼 더 힘들겠지만 이자를 내면서 다시 근로소득으로 모으면 된다. 더불어 큰 배움을 얻을 것이다. 다만 나는 수업료를 치르지 않고 성공적인 투자를 통해 배우기를 바란다. 결국 리스크는 대출 그 자체가 아니라 자신이 공부를 하지 않아 모르는 것이 리스크이다. 본론으로 돌아와 전세를 활용해 종잣돈을 만드는 방법은 여러 가지가 있다.

부장님보다 돈 잘 버는 직장인의 부동산 투자

(단위: 원)

순 자기자본	전세가격	대출 80%	투입한 자기자본 20%	월이자 (3% 기준)	활용 가능 투자금	특징	투자성향
3억	2억	X	2억	0	1억	대출은 싫고, 투자는 하고 싶으니 작은집으로 이사 해서 투자금 마련	1
	2억	1.6억	0.4억	400,000	2.6억	실거주의 불편함과 대출레버리지를 활용한 투자금 마련 극대화	6
	3억	X	3억	0	없음	집은 사는(buy)것이 아닌, 사는(live)것이라는 주의	3
	3억	2.4억	0.6억	600,000	2.4억	전세대출 레버리지 통한 투자금 마련	5
	4억	1억	3억	250,000	없음	대출을 받아서라도 좀 좋은 집에서 살고 싶어	2
	4억	3.2억	0.8억	800,000	2.2억	수입이 나쁘지 않으니, 좋은 집에서도 살고 투자금도 마련함때	4

이미 내가 가진 자산이 3억이라고 가정을 해보겠다. 물론 이보다 적은 사람도 있을 것이고, 많은 사람도 있을 것이다. 이 표는 자기자본 대비 전셋집을 활용해 어떻게 투자금을 만들어 내는지와 마인드에 따라 만들 수 있는 금액이 어떻게 달라질 수 있는지를 나타낸 것이다.

3억을 가지고 있을 때, 전세보증금이 2억, 3억, 4억인 경우와 대출을 받았을 때와 안 받았을 때, 그리고 받았다면 얼마를 받았을지에 따라 분류를 해보았다. 만약 자신이 월세에 거주 중이라면 월세 보증금 외에 저축이나 신용대출을 통해 추가 종잣돈을 마련하는 방법 말고는 없을 것이다. 하지만 월세 보증금을 토대로 전세로 이사하면서 대출을 필요 이상으로 많이 받아 종잣돈을 마련할 수도 있다. 혹시 자신이 지금 전세로 산다면 또는 살았다면 어떤 상황인지 살펴보자. 앞의 표를 투자성향에 따라 정렬하면 다음과 같다.

순자기자본	전세가격	80% 대출	20% 투입한 자기자본	3% 기준 월이자	활용 가능 투자금	특징	투자성향
3억	2억	X	2억	0	1억	대출은 싫고, 투자는 하고 싶으니 작은집으로 이사 해서 투자금 마련	1
	4억	1.6억	3억	250,000	없음	대출을 받아서라도 좀 좋은 집에서 살고 싶어	2
	3억	X	3억	0	없음	집은 사는(buy)것이 아닌, 사는(live)것이라는 주의	3
	4억	3.2억	0.8억	800,000	2.2억	수입이 나쁘지 않으니, 좋은 집에서도 살고 투자금도 마련할래	4
	3억	2.4억	0.6억	600,000	2.4억	전세대출 레버리지 통한 투자금 마련	5
	2억	1.6억	0.4억	400,000	2.6억	실거주의 불편함과 대출레버리지를 활용한 투자금 마련 극대화	6

순 자기자본	매매가격	20% 투입한 자기자본	80% 대출	상환방법	3% 기준 월 납액 (이자+원금)
3억	3억	3억	0	-	-
3억	3억	0.6억	2.4억	10년 원리금 상환	2,600,000
				20년 원리금 상환	1,600,000
				30년 원리금 상환	1,266,667
				거치식 이자만 납입	600,000
3억	4억	3억	1억	10년 원리금 상환	1,083,333
				20년 원리금 상환	666,667
				30년 원리금 상환	527,778
				거치식 이자만 납입	250,000
3억	4억	0.8억	3.2억	10년 원리금 상환	1,083,333
				20년 원리금 상환	666,667
				30년 원리금 상환	527,778
				거치식 이자만 납입	800,000
3억	15억	3억	12억	10년 원리금 상환	13,000,000
				20년 원리금 상환	8,000,000
				30년 원리금 상환	6,333,333
				거치식 이자만 납입	3,000,000

부장님보다 돈 잘 버는 직장인의 부동산 투자

활용가능 자기자본	마인드
0	온전한 내집. 안정적이고 좋아. 투자를 하려면 이제 저축을 시작해 볼까?
2.4억	일단 내 수중에 있는 만큼의 집을 사는게 맞고, 투자를 위해 대출을 받되 최대한 빨리 갚아야지
	대출로 투자금을 마련했으니, 근로소득으로 천천히 갚아나가고, 투자 잘 해서 20년(30년)내에 다 갚도록 노력해봐야지
	이자만 내면서 월납액은 최소로 하고, 집을 담보로 투자금을 마련했으니, 이 돈을 불려서 갚아야지
0	대출은 나쁜거야. 근로소득으로 빨리 갚아서 온전한 내집으로 만들고 싶어
	어차피 쭉 살 집인데 월납액 줄이고 천천히 갚아 나가지 뭐 최대한 천천히 갚아 나가면서 따로 저축해서 투자를 해봐야겠어
	일단 급한대로 이자만 내면서 살다가, 따로 돈 저축해서 갚아야지
2.2억	가급적 최대한 대출을 받아서 투자금은 만들되, 실거주니깐 상환은 최대한 빨리 해야지
	대출로 투자금을 마련했으니, 근로소득으로 천천히 갚아나가고, 투자 잘 해서 20년(30년)내에 다 갚도록 노력해봐야지
	이자만 내면서 월납액은 최소로 하고, 집을 담보로 투자금을 마련했으니, 이 돈을 불려서 갚아야지
0	최대한 좋은 집에 살아야지. 소득이 높으니 대출 빨리 갚고 말지 뭐
	좋은 집에 살고, 대출상환은 저축하는 셈 치고 천천히 갚아야지
	어차피 시세차익, 양도세 감면 때문에 잠시 사는 거니 이자만 내다가 팔고 갈아타야지

같은 3억을 가지고 누구는 저축을 통해서만 투자금을 마련하려고 하지만, 누구는 순식간에 2억 이상의 투자금을 마련할 수 있다. 여기서 알아야 할 사항은 대출이자를 자기 소득으로 감당하고도 생활에 큰 지장이 없어야 한다는 점이다. 이자를 감당하기 힘드니 빨리 수익을 만들어 대출을 상환해야 한다고 생각하면 투자를 급하게 할 것이고 분명 잘못된 판단을 할 수 있다.

전세라는 제도 자체가 집주인에게 무이자로 돈을 빌려주는 개념이기 때문에 자본주의 개념에서 적절한 전략은 아니다. 다만 집값 하락이 예상되거나 전략적으로 무주택 신분을 유지하기 위해서라면 이용해도 되겠지만, 별도 전략이 없이 그냥 전세를 산다는 것은 다시 한번 생각해볼 일이다.

만약 자신이 전세가 아닌 이미 내 집 마련을 했다면 주택담보대출을 활용하는 방법이 있다. 이미 내 집 마련을 했다는 것도 대단히 잘한 일이지만, 앞서 선배들의 로드맵에서도 봤듯이 내 집 한 채만 가지고 정년까지 직장을 다니는 것은 옳지 않다.

똑같이 3억이 있다고 가정하겠다. 요즘 서울 같은 규제지역은 대출이 40%만 나오지만 비규제지역의 경우 80%가 나오기도 한다. 아울러 은행대출 외에 LH 같은 공공기관에서 대출해주는 정책도 있으니 그것은 개인의 상황에 맞게 받으면 된다. 어쨌든 지금은 80% 대출이라고 가정을 하고, 주택담보대출을 통해 투자원금을 마련하는 방법과 경우의 수에 대해서만 참고해 주길 바란다. (68-69p 표 참고)

3억이 있을 때 3억, 4억, 15억짜리 집을 매입하는 경우의 수가 있다. 대출 없이 가진 돈 3억만큼의 집을 사는 사람도 있지만, 통상 집을 매입할 때는 그 돈이 있다 하더라도 대부분 대출을 받는 추세이다. 아울러 대출 없이 집을 살 정도로 돈이 있다는 것은 대출을 극도로 싫어해서 가진 금액에 맞춰 집을 사거나, 아니면 이미 모아 놓은 현금이 많은 경우일 것이다. 따라서 집을 살 때는 기본적으로 대출을 받는다고 가정을 하겠다.

4억짜리 집을 살 경우 3억이 있기 때문에 누구는 1억만 대출을 받을 것이고 누구는 최대한도로 일단 받을 것이다. 또한 중요한 것이 상환 기간이다. 전세는 집을 비워주면서 보증금을 받아 상환하겠지만, 실거주 목적의 집은 매도하지 않는 이상 계속 거주할 예정이기 때문에 대부분 은행에서 원금도 상환하라고 한다. 그 상환의 기간을 통상 10년에서 30년까지 선택할 수 있는데 이 상환 기간을 선택하는 것도 마인드에 따라 달라진다. 전세자금대출과 달리 원금을 포함해서 상환하기 때문에 월 납입액이 상당하다. 큰 금액을 대출받았는데 10년 안에 원금과 이자를 상환하려고 하면 생활에 지장을 줄 수 있다. 따라서 자기 소득대비 거주에 투자할 금액을 몇 %로 잡을 것인지 생각을 하고 그에 맞는 대출한도와 상환기간을 정해야 한다.

개인적으로 한도는 가능한 대로 최대한 많이 받고 기간은 길게 잡아 상환하는 것을 추천한다. 조금 더 욕심을 내자면 주택도 이자만 내는 거치형 대출이 있는데 이런 대출을 받아 이자만 내면서 최대한 한도를 많이 받는 것을 추천한다.

이제 막 결혼해서 아이도 태어나지 않았는데, 첫 집을 정할 때 고등학교가 있는지 고려하는 친구가 있었다. 그 친구는 지금 사는 전셋집 주변에 중학교까지 있는데 고등학교가 없다면서 아이가 자라서 고등학교 다닐 때면 학교가 머니, 현 전세 거주지에서 이사를 해서 집을 산다고 했다. 집을 사는 것은 좋은데 너무 멀리 내다본다는 생각을 했다. 보통 집을 사면 아이가 클 때까지 한곳에 사는 것이 안정적이고 좋긴 하지만, 살면서 돈이 생겨서 더 좋은 집으로 이사할 수도 있고, 안좋은 일이 생겨 더 안 좋은 집으로 이사 갈 수도 있다. 따라서 쉽게 최종의 집을 선택하기보다는 조금 길게 보고 단계적인 플랜을 짜는 것을 추천한다.

나는 자녀가 초등학교 4학년 정도 되었을 때, 자신이 생각하는 최종 집 또는 지역에 들어가는 것을 목표로 하는 것을 추천한다. 결국 지금 거주하는 집에 평생 살면서 대출을 근로소득으로 빨리 갚을 생각을 하기보단, 최대한 길게 잡거나 이자만 내면서, 투자를 통해 여유 자금을 불려서 한번에 상환하거나 더 좋은 집으로 이사 하는 것을 목표로 삼았으면 한다.

뒤에 설명하겠지만 실거주하는 집을 통해 자산을 불리는 방법도 있다. 거주는 안정적으로 하고 거주와 투자를 분리하는 것을 대부분이 선호하지만, 조금 불편하더라도 거주지를 옮기면서 자산을 빠르게 불리는 방법도 있다. 아이가 어리거나 없을 때 이런 불편을 감내하고, 나중에 정말 좋은 집에 가서 안정적으로 살겠다는 사람도 많다. 자산을 불리거나 월급을 대체할 월 소득을 만드는 다양한 방법은 뒤에 더 설명할 예정이다.

사람은 본능적으로 안정을 선호한다. 나 역시도 안정적인 것이 좋다. 사실 소득이 높아서 저축의 속도가 빠르다면 실거주할 집을 대출 없이 하나 마련해 놓고, 추가 저축으로 투자금을 모아서 투자를 시작

부장님보다 돈 잘 버는 직장인의 부동산 투자

하는 것이 제일 좋고 안정적이다. 그런데 이것은 시간이라는 개념을 빼놓고 생각하는 것이다. 많은 이들이 '투자는 필요하다'라는 사실에는 공감하지만 최대한 안정적인 상태에서 잉여자금으로 하려고 한다.

그런데 실거주하는 안정과 잉여자금이 확보되는 시점이 이미 60세라면 어떨까? 30년 동안 상환해서 온전한 내 집 하나 마련하고 그동안 모은 돈과 퇴직금으로 투자하려고 하는가? 시간은 돈으로 환산할 수 없을 만큼 더 소중하다. 투자에 대한 마인드만 있다면 적절한 레버리지를 통해 시간을 단축하여 투자를 시작하고, 60세가 아닌 50세에 은퇴를 맞이하는 것이 길게 보면 더 안정적인 인생일 수 있다. 당장 눈앞의 안정에만 신경 쓰면 인생이 위험해질 수 있다.

여러분이 생각하는 진정한 안정이 무엇인지 한번 고민했으면 한다.

간접경험
동료는 지속적인 실천의 자극제가 된다

 계기를 통해 계획을 수립하고, 결심을 통해 종잣돈까지 모았다면 이제는 실행만 꾸준히 하면 된다. 이미 종잣돈을 모으면서 나름의 공부는 했겠지만, 총알이 있을 때와 없을 때의 공부 집중력과 흡수력은 엄청난 차이가 난다. 자동차를 알아보는 것도 돈을 가지고 알아볼 때와 돈과 계획도 없이 그냥 알아볼 때는 흥미나 관심 면에서 엄청난 차이가 난다. 자동차는 구입하고 나서 후회해도 안전에 문제만 없다면 타다가 나중에 바꿔도 되지만, 부동산은 준비가 되었다고 덜컥 투자를 했다간 후회할 일이 생기면 그 피해의 정도가 자동차와는 차원이 다르다.

 따라서 부동산 투자는 모든 준비가 되었다 하더라도 나름의 간접경험을 통해 한번 더 검증하고 체크할 필요가 있다. 이렇게 첫 단추를 잘 끼워도 항상 성공할 수만은 없다. 작은 실패도 할 것이고, 난관에 봉착하는 일도 생길 것이다.

아무리 강한 마인드가 있고 계기가 있어서 시작했다 하더라도 실제 경험하면서 어려움이 닥치면 포기하는 경우도 생긴다. 실제로 내가 처음 투자를 시작할 때 함께 투자를 시작했던 사람이 수십 명이었는데, 지금은 반도 남아있지 않다. 다시 일상으로 돌아가 열심히 직장생활을 하는 그 반 이상의 사람들은 새롭게 부자가 되려는 동료들에게 자신의 무용담 말하며 그들의 앞날을 방해할 것이다. "내가 해봤는데 말이야" 라는 말로 마치 이미 큰 성공을 했다가 망해본 사람처럼 말할 것이다.

이렇게 포기하는 사람들은 시작은 했으나 애초에 계기나 마인드가 약해 작은 어려움에도 쉽게 포기를 했거나, 강한 마인드가 있었지만 고독한 싸움에 지쳐 포기한 사람일 것이다.

전자의 경우 경매 입찰 몇 번 해보고, 낙찰은 받아보지 못한 채 직장으로 돌아가서 경매 좀 해본 사람처럼 무용담을 털어놓을 것이다. 통상 경매 낙찰 1번 받기 위해서는 10번 정도 입찰을 해야 한다. 투자를 시작한 사람 중 낙찰을 받아서 잔금, 명도, 임대, 매도까지 다 해본 사람은 10% 내외이다. 10명 중 9명은 끝까지 해보지도 않고 포기하고 돌아가서 경매 좀 해본 것처럼 말하는 것이다. 어쨌든 전자는 계기와 마인드가 약했기 때문에 어느 순간 포기했을 것이다.

후자처럼 강한 마인드는 있으나 고독해서 포기한 경우는 주변에서 조금만 도와주면 분명 포기하지 않고 목표를 달성했을 것이라고 생각한다. 올림픽의 꽃이기도 한 마라톤은 프로선수마저도 힘들어서 조기에 은퇴하고 싶어 한다고 한다. 그만큼 힘든 종목이기 때문에 마라톤을 할 때 페이스메이커가 꼭 필요하다. 아무리 강한 체력과 정신력이 있어도 혼자 뛰면 완주하기 어려운 것이 마라톤이다. 설사 혼자 완주를 할 수 있다 하더라도 옆에서 함께 뛰는 페이스메이커가 있다면 훨씬 수월하고 기록마저 단축할 가능성이 크다. 투자도 마찬가지이다. 지치지 않고 끝까지 완주하기 위해서는 동료가 필요하다.

투자를 할 때, 혼자 하는 방법과 함께 하는 방법이 있다. 여기서 말하는 투자라는 것은 투자자로서 행하는 생활 등 전반적인 것을 말한다. 돈을 모아서 한 곳에 투자하는 공동투자를 의미하는 것은 아니다. 혼자 하는 대표적인 방법이 독서, 강의, 단독투자, 전문가와 상담 등이다. 혼자 할 때 두려운 것은 자신이 잘하고 있는지 스스로도 잘 모를 때가 있다는 점이다. 또한 문제가 생겼을 때 이를 해결할 방법을 생각해 내는 범위가 제한적일 수 있고, 수집할 수 있는 시장동향이나 정보의 양이 비교적 적을 수밖에 없다. 따라서 굳이 문제가 생기지 않고 잘하고 있음에도 혼자 투자를 지속해 나가는 것은 두렵고 어려울 수 있다. 그러므로 투자를 본격적으로 하려면 반드시 동료를 찾아야 한다.

동료를 찾는 방법은 우선 온라인 카페에 가입하는 일이다. 카페활동을 하면서 다양한 정보를 주고받거나 자신의 상황을 알려 많은 이들의 도움을 받을 수 있다. 보다 밀접한 동료를 원한다면 정규 강의를 듣는 것을 추천한다. 부동산 서적을 보면 그 책 저자의 강의도 들어보고 싶다는 생각이 드는 책이 있을 것이다. 저자 대부분이 본인들의 블로그를 운영하며 강의를 하곤 한다. 자신의 스타일과 잘 맞을 것 같은 저자나 강사를 찾아가 오프라인 강의를 듣고, 함께 강의를 들은 사람들과 스터디 모임을 결성하는 것이 좋다.

그 강사를 찾아왔다는 것만으로도 투자 스타일과 관심사가 비슷하기 때문에 큰 이질감은 없을 것이다. 처음엔 다소 서먹서먹하겠지만,

부장님보다 돈 잘 버는 직장인의 부동산 투자

꾸준히 모임을 이어 나가면 서로 큰 힘이 된다. 카페에서 공유되는 정보와는 차원이 다른 정보와 경험담이 공유될 것이다. 이 방법은 아직 투자를 시작하지 않은 사람에게 큰 간접경험이 된다.

전문가들의 성공담을 강의로 듣는 것보다 동료들의 실패담이 훨씬 도움이 되기도 한다. 모임을 하면서 자신 역시 그들에게 도움이 되어야 한다. 언제까지나 도움만 받는다면, 시간이 지날수록 그 모임에서 이기적인 사람이 되어갈 것이다. 이를 느낀다면 서로 도움을 주고받기 위해서라도 지속적인 투자를 하게 될 것이다. 꼭 투자를 하지 않더라도 부동산을 알아봤거나 직접 임장을 한 경험만 공유하더라도 그들에게 큰 도움이 된다. 결국 이는 투자든 공부든 지속적으로 하게 하는 원동력으로 작용한다.

혼자만 할 때는 맞는지 틀리는지 모를 때가 있었는데, 이처럼 함께 하면 서로 피드백을 주면서 점검할 수 있고, 수집하는 시장동향이나 정보량도 훨씬 많아진다.

투자를 할 때 가장 중요한 부분은 시장의 흐름을 계속 읽는 것이다. 현 정부의 부동산 정책, 지역별 부동산 이슈 및 호재, 사람들의 심리에 따른 시장 흐름 등 여러 방면에서 그 흐름에 안테나를 세우고 있어야 한다. 한데 나 혼자 투자를 하게 되면 그 안테나의 수신 범위가 제한적일뿐더러 지속적으로 안테나를 세우고 있기도 피로하다. 하지만 여러 사람과 함께 하면 비교적 많은 범위의 시장동향을 거의 실시간으로 공유할 수 있어, 투자 의사결정을 할 때 많은 리스크로부터 자신을 지켜준다.

투자를 지속적으로 하기 위한 원동력과 시장흐름에 대한 지속적인 파악. 이 두 가지가 투자의 동료가 필요한 가장 큰 이유이다.

직장인 신분이면 물리적으로 대부분의 시간을 직장 동료들과 보내게 된다. 자신이 별도로 퇴사를 위해 현금흐름을 준비하고 있다는 사실이 사내에 알려지는 것은 상당한 부담이다. 이 때문에 이런 주제와 관련해서 회사 내에서 논의할 사람이 없거나 있어도 아주 극소수이다. 주5일 40시간 이상을 함께하는 사람들과 이런 얘기를 하지 않고 지내면서 혼자 고민하기란 결코 쉬운 일이 아니다.

사람은 사회적 동물이기 때문에 어려움이 있거나 고민이 있을 때 누군가와 논의하고자 하는 본능이 있다. 이때 물리적으로 많은 시간을 보내는 사람과 논의할 수 없다면 참 답답하다. 이런 문제 때문에 투자를 포기하지 않고 지속적으로 하기 위해서는 이를 논의하고 고민을 공유할 커뮤니티가 필요한 것이다.

부장님보다 돈 잘 버는 직장인의 부동산 투자

월급 대체재로 주식보다 부동산이 적합한 이유

자본가가 되기 위해서는 부동산과 주식 등 다양한 포트폴리오를 구성해서 투자해야 한다. 평생을 직장에 다닐 생각이라면 부동산도 하고 주식도 꾸준히 사는 것이 맞다. 만약 '나는 정년까지 일할래'라고 생각한다면 주식도 함께 꾸준히 사 놓길 바란다.

'주식투자'라고 하지 않고 '사 놓으라'고 한 이유는, 주식을 하려면 돈 좀 벌어서 차를 바꾸거나 용돈을 벌 생각으로 하지 말고, 그 회사와 동업하면서 함께 성장한다는 생각으로 그 회사의 지분을 조금씩 모은다는 생각으로 해야 하기 때문이다. 하지만 당장 안정적인 수익을 만들어 월급을 대체할 목적이라면 부동산을 해야 한다.

이 책의 의도가 직장을 다니면서 월급을 대체하는 데 중점을 두는 만큼, 그런 투자를 하기 위해서는 주식보다는 부동산이 더 적합하다고 생각한다. 이 외 부동산이 적합한 이유는 다음과 같다.

첫째, 주식은 레버리지를 할 수가 없다.

앞서 큰 수익을 내기 위해서는 레버리지가 꼭 필요하다고 밝혔다. 이것은 단순히 돈을 빌리는 것이 아닌, 시간을 사는 것이기 때문이며, 대출 자체가 리스크가 아니고 공부를 하지 않고 잘못된 투자를 하는 것이 리스크이기 때문이다. 이는 은행에서 부동산 투자를 한다고 하면 돈을 빌려주는데, 주식 산다고 하면 빌려주지 않는 것을 봐도 알 수 있다. 은행이 바보가 아닌 이상 그 부동산을 심사해서 담보로 빌려준다. 누가 봐도 10억짜리 부동산인데 은행이 100

억을 빌려주진 않는다. 그 부동산이 10억짜리인지 은행도 체크를 하기 때문에 주식보다는 비교적 안전하며, 그러한 이유로 레버리지를 하는 것이 주식보다 수월하다.

둘째, 부동산은 주식보다 수익형에 더 적합하기에 월급을 대체하기 더 수월하다.

주식도 배당이라는 것을 하지만 소액으로 투자를 시작해서 주식으로 배당을 받아 월급을 대체하는 것은 매우 어려운 일이다. 앞서 말한 것처럼 정년까지 일하면서 꾸준히 주식을 모아 노후에 배당을 받는 것은 가능하지만 일찍이 근로생활을 탈출하기 위해서는 수익형 부동산을 해야 한다. 자본을 투자해서 향후 차익을 얻는 형태를 차익형 투자라고 하고, 자본을 투자해서 매달 현금을 받는 것을 수익형 투자라고 한다. 부동산은 차익형, 수익형 둘 다 비교적 쉽게 투자할 수 있으나, 주식은 배당이 있긴 하지만 대부분 차익형 투자여서 월급 대체제로는 어렵다.

셋째, 매매의 용이성이 다르기 때문이다.

주변을 봐도 부동산으로 돈 벌었다는 사람은 있어도 주식으로 돈 벌었다는 사람은 찾기 어렵다. 하지만 최근 30년간 부동산과 주식시장의 성장을 보면 주식시장의 성장률이 더 높다. 그럼에도 주식보다 부동산으로 돈 번 사람이 많은 이유는 부동산이 주식보다 비교적 환금성이 떨어지기 때문이다. 부동산은 매수, 보유, 매도할 때 세금을 낸다. 그리고 금액도 크기 때문에 쉽게 매매하는 것이 번거

롭다. 따라서 본의 아니게 오래 보유하는 경우가 생긴다. 반면 주식은 인터넷, 모바일만 있다면 클릭 몇 번으로 매매가 가능하다. 아니다 싶으면 팔고, 맞다 싶으면 살 수 있다. 투자는 기본적으로 시간 싸움이기 때문에 장기적으로 갈수록 수익을 일으킬 확률이 높다. 이러한 매매 용이성 때문에 마음이 급한 직장인 처지에서는 주식보다는 부동산이 더 적합하다.

넷째, 시장에 대한 정보의 형평성 차이이다.

부동산에 대한 정보는 대중들에게 비교적 공평하게 공개되어 있다. 혹여 국토개발계획이나 정책에 대한 부분은 일부 관료들이 더 빠르게 소식을 접할 수 있지만, 이것이 시장에 반영되기 위해서는 결국 언론이나 대중에 알려져야 한다. 하필 그 지역의 그 담당자를 지인으로 두지 않는 이상 대부분의 대중들은 동일한 시간에 동일한 정보를 접하게 된다. 부동산의 가격이나 최근 실거래가 역시 인터넷을 통해 누구나 알 수 있으므로 조금만 신경 쓴다면 충분히 개인도 승산을 볼 수 있는 시장이다.

반면 주식은 개인보다는 외국인이나 기관투자자들이 다소 유리하다. 주식의 평가는 결국 그 회사의 내부정보 등 비교적 제한된 정보로도 주식가치가 영향을 받기 때문에 정보 접근의 형평성에서 오는 차이가 있다. 아침에 출근해서 하루 종일 근무를 하는 직장인이 그 회사를 집중 분석하는 애널리스트나 전업투자자만큼 수익을 내는 것은 어려울 수밖에 없다.

마지막으로 가치반영의 즉시성이다.

　　선거가 끝나거나 정부정책이 나오거나 시장에 이슈가 발생하면 주식은 실시간으로 요동치게 된다. 거의 실시간으로 반영되기 때문에 근무 중인 직장인이 이에 대응하는 것은 불가능에 가깝다. 반면 부동산은 시장흐름의 주기가 훨씬 느리다. 꾸준히 관심만 가지고 있다면 퇴근 후 시간이나 주말을 이용해도 충분히 그 흐름을 따라갈 수 있다.

3장

★ ★ ★ ★ ★

부동산,
본질을 알고 투자하라

부동산 투자가 아파트 투자?

부동산 하면 가장 먼저 떠오르는 것은?

아마 아파트일 것이다. 대한민국은 아파트공화국이라고 해도 과언이 아니다. 이 말은 부동산 투자는 곧 아파트 투자라고 해도 과언이 아닌 것과 같다고 볼 수 있다. 부동산 투자를 시작할 때 가로막는 두 가지 걱정거리가 있는데, 하나는 돈이 부족한 것이고, 하나는 값이 떨어질 것에 대한 두려움이다.

부동산엔 아파트가 아닌 다른 것이 있다는 것만 인지하더라도 앞서 언급한 두 가지 걱정이 조금은 덜어진다. 지방엔 3천만원짜리 빌라도 엄청 많을뿐더러, 부동산의 본질인 토지 가격을 공시한 공시지가는 한 번도 떨어지지 않고 매년 올랐기 때문이다. 지방의 저렴한 빌라를 찾아보면 주식 투자할 자금으로 대출 없이 매입이 가능하고, 떨어질 것이 정 불안하면 그냥 나대지(건물이 없는 순수한 토지)를 매입하면 된다.

그런데도 쓸데없는 걱정을 하면서까지 아파트만을 고집하는 이유는 바로 시장의 수요 때문이다. 물론 부동산 공부를 깊게 하기 싫어서 아파트만 투자할 수도 있지만, 아파트는 수요가 많은 탓에 가격 방어도 좋고, 나중에 매도가 수월한 것은 사실이다. 하지만 여기서 말하는 수요의 본질은 '삶의 필수재인 의식주 중 주거해결을 아파트라는 상품으로 하고자 하는 사람들의 수요'이지, 투자하고자 하는 부동산 그 자체의 본질과 범위에 비하면 극히 일부에 불과함을 알아야 한다.

대한민국 특성상 아파트에 대한 수요가 높아 투자종목으로 택하기에 무리는 없지만, 돈을 버는 것이 목적인 투자자에게 아파트는 부동산 투자의 많은 종목 중 하나일 뿐이다. 물론 아파트는 공부를 덜 해도 된다는 뜻은 아니다. 모두에 친숙한 탓에 초보자도 비교적 쉽게 접근할 수 있다는 뜻이며, 아파트만 투자하더라도 꽤 많은 분석과 공부를 해야 한다. 아울러 가장 쉬운 투자종목 같지만 오히려 많은 이들이 투자종목으로 생각하는 만큼, 레드오션이기 때문에 수익률을 높이는 측면에선 가장 어려울 수도 있다. 투자자라면 역발상을 통해 수익을 창출해야 하고, 공부를 통해 블루오션에 관해서도 관심을 가질 필요가 있다.

아파트라는 지구는 부동산이라는 태양계의 어디쯤 위치하는지 알 필요가 있고, 그것을 알면 다른 화성, 목성과 같은 블루오션도 보일 것이다. 어차피 부동산 투자로 돈을 벌고 싶고 시간적 경제적 자유를 얻고자 한다면, 아파트 투자만 고집할 수는 없는 노릇이다. 물론 처음엔 안전하게 아파트로 투자를 시작하겠지만, 태양계라는 전체 판에 대해 알아보고 향후 어떤 방향으로 투자를 해 나갈 것인지, 추후 자신은 어떤 종목을 주 종목으로 택할 것인지, 미리 알아보는 것이 좋다.

부동산 원자재, 토지에 대한 이해

도시에서 직장에 다니는 일반인이 부동산을 바라볼 때는 아파트, 빌라, 상가건물, 빌딩, 대형마트, 공영 주차장, 주유소, 세차장처럼 눈에 보이는 그대로를 받아들이고 그대로 생각하기 마련이다. 그나마 최근 부동산 재개발에 대한 관심이 높아지면서 낡은 빌라가 밀집된 지역이 새 아파트 단지로 바뀌는 것은 많이 알고 있지만, 매일 지나가는 출퇴근 대로변의 풀밭이 어느 날 스타벅스 DT점이 되어있거나, 평범한 주택가가 카페거리로 바뀌는 것을 보면 나름 신선한 충격을 받기도 한다.

이런 개발을 이끈 사람들은 부동산의 외모만 본 것이 아닌 성격을 볼 수 있는 능력이 있었기 때문에 트렌드나 시장에 맞게 부동산을 개발할 수 있었다. 국가가 신도시를 개발하거나, 대기업이 아파트를 시공하는 것처럼 개발하자는 것이 아니고, 그 현상을 바라보며 어떻게 저렇게 되는지 알 수 있어야 예측도 가능하고 더 나아가 작은 규모의 개발도 직접 할 수 있다는 의미이다.

부동산의 외모가 아닌 성격을 알기 위해서는 일단 토지와 건물을 분리해서 볼 줄 알아야 한다. 부동산은 토지와 건물로 구분할 수 있는데 먼저 토지에 대해 알아보자.

샴쌍둥이가 아닌 이상 사람은 명수로 구분하듯 토지는 필지로 구분한다. 필지란 구분되는 경계를 가지는 토지의 등록단위로 하나의 지번을 가지는 기본 단위이다. 지금은 도로명주소를 쓰지만 예전 주소는 ○○동 123-12번지와 같이 번지가 있었다. 주소 체계가 바뀌었다고 지번이 없어진 것이 아니다. 도로명주소는 누구나 주소만 보고 길을 찾기 쉽도록 바꾼 것이지, 부동산 본질의 단위가 바뀐 것은 아니다. 토지는 모든 필지, 즉 지번마다 지목이 있다. 지목을 있는 그대로 해석하면 그 땅의 목적으로 총 28가지 종류가 있는데, 다음 페이지에 표로 정리했다.

번호	부호	지목	내용
1	전	전	
2	답	답	
3	과	과수원	
4	목	목장용지	
5	임	임야	
6	대	대지	
7	장	공장용지	
8	공	공원	
9	학	학교용지	
10	도	도로	
11	잡	잡종지	
12	차	주차장	자동차 등의 주차에 필요한 독립적인 시설을
13	주	주유소용지	석유, 석유제품 또는 액화석유가스 등의
14	체	체육용지	
15	창	창고용지	물건 등을 보관 또는 저장하기 위하여 독립적으로
16	수	수도용지	
17	철	철도용지	
18	종	종교용지	
19	천	하천	자연의 유수가 있거나 있을 것으로
20	제	제방	
21	구	구거	
22	유	유지	
23	원	유원지	
24	양	양어장	육상에 인공적으로 조성된 수산생물의
25	사	사적지	
26	묘	묘지	
27	염	염전	
28	광	광천지	

부장님보다 돈 잘 버는 직장인의 부동산 투자

물을 직접 이용하지 않고 식물을 재배하는 토지

물을 직접 이용하여 식물을 재배하는 토지

과수류를 집단적으로 재배하는 토지

축산업 및 낙농의 목적으로 조성한 초지 및 축사

산림 및 원야를 이루고 있는 토지

영구적 건축물이 있는 부지와 도시계획사업으로 택지조성이 된 토지

제조업을 목적으로 하는 공장 시설물의 부지

부건, 휴양 및 체육활동의 시설과 형태를 갖춘 체육시설의 토지

학교의 교사와 이에 접속된 부속시설물의 부지 및 체육장이 조성된 토지

교통운수를 목적으로 보행, 차량운행의 형태를 갖추어 이용되는 토지

다른 지목에 속하지 아니하는 토지

갖춘 부지와 주차전용 건축물 및 이에 접속된 부속 시설물의 부지

판매들을 위하여 일정한 설비용지를 갖추 시설물 부지

체육활동의 시설과 형태를 갖축 체육시설의 토지

설치된 보관 시설물의 부지와 이에 접속된 부속시설물의 부지(물류창고)

물을 정수 공급하기 위한 취수, 저수, 도수, 정수, 송수, 배수시설의 부지

교통운수를 목적으로 하여 일정한 형태를 갖춘 인공적인 수로, 둑

일반 공중이 종교의식을 목적으로 시설을 갖춘 토지

예상되는 토지, 물이 제일 많이 흐르는 하천 점용허가

조소, 자연유수, 모래 바람 등을 막기 위하여 설치된 둑의 부지

용수 배수를 목적으로 일정한 형태를 갖춘 인공적인 수로, 둑

일정한 구역 내에 물이 고이거나 상시적으로 물을 저장하고 있는 부지

위락, 휴양 등의 시설물을 종합적으로 갖춘 토지

번식 또는 양식을 위한 시설물을 갖춘 부지와 이에 접속된 부속시설물의 부지

문화재로 역사적인 유적, 고적, 기념물 등을 보존할 목적으로 구획된 토지

사람의 시체나 유골이 매장된 토지와 이에 접속된 부속시설물의 부지

바닷물을 끌어들여 소금을 채취하는 토지

온수, 약수, 석유류 등이 용출되는 용출구 부지

토지의 목적에 따라 그 토지를 이용해야 하지만, 상황에 따라 지목은 개인이 바꿀 수 있다. 가령 임야는 산으로서 목적이 있지만 개인이 산지전용허가를 받아 개발할 수 있으며, 개발 후 개발한 목적에 따라 지목을 변경할 수 있다. 토지 개발에 관한 것만도 공부할 양이 방대하지만, 우선 여기선 지목이라는 것이 있다는 정도만 알면 된다.

토지를 구분하는 또 따른 기준이 용도지역이다. 용도지역은 '국토의 계획 및 이용에 관한 법률'에 의해 정해진 것으로 개인이 바꿀 수 없다. 이런 용도지역을 만든 이유는 국가가 국토를 효율적으로 관리하기 위한 것이며, 그 효율화를 위한 수단으로 건폐율과 용적률의 제한을 두었다. 용도지역은 크게 4가지로 나눌 수 있고 21가지로 세분할 수 있으며, 용도별 건폐율과 용적률은 표로 정리했다. 법률로 제정한 범위 내에서 지자체별로 조례를 통해 일부 달리 적용할 수 있다.

용도지역 구분			건폐율		용적률	
			국토계획법	서울시 조례	국토계획법	서울시 조례
도시지역	주거지역	전용주거지역	1종	50% 이하	50% 이하	50~100% 이하	100% 이하
			2종	50% 이하	40% 이하	100~150% 이하	120% 이하
		일반주거지역	1종	60% 이하	60% 이하	100~150% 이하	150% 이하
			2종	60% 이하	60% 이하	150~200% 이하	200% 이하
			3종	50% 이하	50% 이하	200~300% 이하	250% 이하
		준주거지역		70% 이하	60% 이하	200~500% 이하	400% 이하
	상업지역	중심상업지역		90% 이하	60% 이하	400~1,500% 이하	1,000% 이하(4대문안 800%)
		일반상업지역		80% 이하	60% 이하	300~1,300% 이하	800% 이하(4대문안 600%)
		근린상업지역		70% 이하	60% 이하	200~900% 이하	600% 이하(4대문안 500%)
		유통상업지역		80% 이하	60% 이하	200~1,100% 이하	600% 이하(4대문안 500%)
	공업지역	전용공업지역		70% 이하	60% 이하	150~300% 이하	200% 이하
		일반공업지역		70% 이하	60% 이하	200~350% 이하	200% 이하
		준공업지역		70% 이하	60% 이하	200~400% 이하	400% 이하
	녹지지역	보전녹지지역		20% 이하	20% 이하	50~80% 이하	50% 이하
		생산녹지지역		20% 이하	20% 이하	50~100% 이하	50% 이하
		자연녹지지역		20% 이하	20% 이하	50~100% 이하	50% 이하
관리지역	보전관리지역			20% 이하		50~80% 이하	
	생산관리지역			20% 이하		50~80% 이하	
	계획관리지역			40% 이하		50~100% 이하	
농림지역				20% 이하		50~80% 이하	
자연환경보전지역				20% 이하		50~80% 이하	

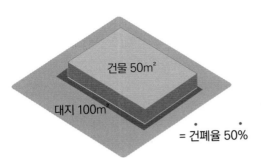

건폐율이란?

건축밀도를 나타내는 대표적인 지표로 대지면적에 대한 건축면적의 비율을 뜻합니다.

건폐율 = (건축면적/대지면적)*100

그렇다면 건폐율과 용적률이 무엇이고, 국가는 왜 이렇게 했는지 생각을 해 볼 필요가 있다. 건폐율 50%라는 것은 땅이 100평일 때 건물이 덮을 수 있는 비율이 50평이라는 뜻이다.

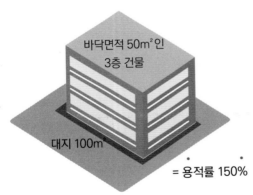

용적률이란?

대지면적에 대한 건축물의 연면적 비율을 말합니다. 연면적은 각 층의 바닥면적을 모두 합한 값을 의미합니다.

용적율 = (연면적/대지면적)*100

이 상태에서 용적률이 150%이면, 건물 연면적의 합이 바닥면적의 150%를 초과하면 안 된다는 것이다.

인간은 농사를 짓거나, 산에서 휴식을 취하거나, 염전을 통해 소금

부장님보다 돈 잘 버는 직장인의 부동산 투자

을 생산하는 등, 토지 그 자체만을 이용하기도 하지만 대부분 건물을 지어서 인간의 삶에 유익하도록 활용하려 한다. 이 때문에 국가에서는 용도지역이라는 것을 법으로 제정하여 토지에 건물을 지을 수 있는 규모를 제한함으로써 국토를 효율적으로 쓰고자 하는 것이다.

서울 송파구 신천동 29번지 필지의 토지면적은 약 26,000평이고, 지목은 '대'이며, 용도는 도시지역 일반상업지역이다. 이곳은 대한민국에서 가장 높은 건물인 롯데월드타워가 있는 곳이다. 만약 국가에서 용도에 따른 건폐율과 용적률을 통해 제한하지 않았다면, 토지 소유자는 가능한 범위에서 최대한 넓고 높게 지으려고 할 것이다. 왜냐하면 인간은 본능적으로 이익과 효율을 추구하게 마련이며, 넓고 높게 짓는 것이 동일한 면적의 토지를 가장 효율적으로 사용하는 방법이기 때문이다.

이렇게 된다면 창문을 열면 바로 옆 건물이 손에 닿을 것이고, 통풍도 되지 않고 햇빛도 들어오지 않을 것이다. 건물과 건물 사이에 틈이 없어 위험한 상황이 발생했을 때 대피하거나 구조하기도 어려울 것이다. 그야말로 빽빽한 빌딩 숲이 되어 사람이 살기 어려운 사회가 될 것이다.

국가는 이런 문제를 방지하면서도 효율적으로 사용하기 위해 토지를 용도로 나눠 건폐율과 용적율로 제한하는 것이다. 단순히 건물의 규모만 제한하는 것이 아니고, 건축물의 종류에도 일부 제한을 한다.

토지 용도분석 : 용도지역별 개발 가능한 건축물

용도지역	개발 가능한 건축물
일반상업지역	일반숙박시설, 생활숙박시설 등을 제외한 모두
준공업지역	위락시설, 묘지관련시설 등을 제오한 모두
자연녹지지역	단독주택, 제1종근생, 제2종근생 중 일부, 교육연구시설 등
생산녹지지역	단독주택, 제1종근생, 노유자시설, 창고 등
계획관리지역	아파트, 휴게/일반음식점, 판매시설, 업무시설 등을 제외한 모두
자연취락지구	단독주택, 제1종근생, 제2종근생 중 일부, 창고 등
제1종 전용주거지역	단독주택(다가구주택 제외), 제1종근생(1천제곱 미만)
제2종 전용주거지역	단독주택, 공동주택, 제1종근생(1천제곱 미만)
제1종 일반주거지역	단독주택, 공동주택(아파트 제외), 제1종근생, 학교, 노유자시설
제2종 일반주거지역	단독주택, 공동주택, 제1종근생, 종교시설, 학교, 노유자 시설
제3종 일반주거지역	단독주택, 공동주택, 제1종근생, 종교시설, 학교, 노유자 시설
준주거지역	2종근생 중 단란주점, 격리병원, 숙박시설 등을 제외한 모두

　　용도지역 외에도 용도지구와 용도구역이라는 것도 있는데 이것은 인터넷 검색만 해도 기본적인 정의와 종류는 바로 알 수 있다. 어쨌든 이제 '왜 서울 이태원 뒤에는 아파트가 없고 단독주택만 있는지, 왜 이지역의 건물들은 하나같이 높이가 비슷한지' 알 수 있어야 한다. 물론지금 설명한 내용만 가지고 토지에 대해 안다고 하기엔 너무 부족하다. 시중에 토지에 대해서만 집중적으로 설명한 서적들이 많다. 제대로 알기 위해서는 그 분야의 책을 적어도 1권은 읽거나, 관련 강의나자료를 찾아보는 것이 좋다.

부장님보다 돈 잘 버는 직장인의 부동산 투자

건축물에 대한 이해

토지를 알아봤으니 이제 건물에 대해 알아보자.

사실 부동산에서 본질은 토지이다. 토지는 건물을 짓기 위한 원재료이기 때문이다. 특히 건물은 높게 짓거나 증축을 통해 추가 공급을 할 수 있지만, 토지는 바다를 메우지 않는 이상 공급을 할 수 없으므로 가격이 쉽게 내려가지 않는다. 이것이 국가에서 토지의 가격을 공시하는 공시지가가 내려가지 않는 이유이기도 하다. 공급이 없는데 수요만 있는 재화라면 당연히 가격이 오를 수밖에 없다.

하지만 주거지역이나 상업지역과 같은 토지가 인간에게 유효하기 위해서는 건축을 해야 한다. 앞에서 토지를 알아보면서 건축물을 지을 수 있는 규모와 종류가 제한되어 있다는 것은 알았다. 그렇다면 건축물의 종류는 어떤 것이 있는지 알아볼 필요가 있다. 건축물의 종류는 건축법에 의해 28개가 있다.

건축물 용도	세부 용도 구분
단독주택	단독주택, 다중주택, 다가구주택, 공관
공동주택	아파트, 연립주택, 다세대주택, 기숙사
제1종 근린생활시설	소매점, 휴게음식점(제과점), 미용원, 의원, 체육관, 일반업무시설
제2종 근린생활시설	공연장, 종교집회장, 자동차영업소, 서점, 휴게음식점, 일반음식점, 학원, 독서실, 체육시설, 일반업무시설, 다중생활시설(고시원), 제조업소, 단란주점, 노래방
문화 및 집회시설	공연장, 집회장, 관람장, 전시장, 동식물원
판매시설	도매시장, 소매시장, 상점
업무시설	공공업무시설, 일반업무시설(오피스텔)
숙박시설	일반숙박시설, 생활숙박시설, 관광숙박시설, 다중생활시설
운동시설	탁구장, 체육도장, 테니스장, 볼링장, 당구장, 골프연습장 등으로서 근린생활시설에 행당하지 않는 것
위락시설	단란주점, 유흥주점, 유원시설업, 무도장, 카지노영업소
종교시설	종교집회장, 봉안당
운수시설	여객자동차터미널, 철도시설, 공항시설, 항만시설
의료시설	병원, 격리병원
교육연구시설	학교, 교육원, 직업훈련소, 학원, 연구소, 도서관
노유자시설	아동관련시설, 노인복지지설, 사회복지시설
공장	공장
창고시설	창고, 하역장, 물류터미털, 집배송시설
기타	수련시설, 위험물저장 및 처리시설, 자동차관련시설, 동물 및 식물 관련시설, 자원순환관련 시설, 교정 및 군사시설, 방송통신시설, 발전시설, 묘지관련시설, 관광휴게시설, 장례시설, 야영장시설

부장님보다 돈 잘 버는 직장인의 부동산 투자

건축법상 28개의 건축물 종류가 있지만, 부동산 투자를 하는 입장에서 교정 및 군사시설에 대해 알 필요는 없다. 가끔 경매에 보면 일단 아파트처럼 쓰이고 있는데 '노유자시설'인 건물이 나오기도 한다. 이런 종류의 건축물은 있다는 정도만 알면 된다. 주거용 건물과 상업용 건물만 구분해서 알아도 충분하다. 참고로 우리가 흔히 알고 있는 오피스텔은 업무시설에 속한다.

대부분의 투자자는 주거용 건물로 먼저 투자를 하기 때문에 여기서는 단독주택과 공동주택의 종류만 알아보겠다.

단독주택은 서울 평창동 부잣집을, 다중주택은 대학가 원룸건물을 생각하면 된다. 많이 헷갈리는 부분이 다가구주택과 다세대주택이다. 다세대주택은 우리가 흔히 빌라로 알고 있다. 두 주택의 외관은 비슷하지만 다가구는 3층까지 지을 수 있고 다세대는 4층까지 지을 수 있다는 차이가 있다. 또 다가구는 엄청 큰 단독주택, 다세대는 아주 작은 아파트라고 생각하면 된다. 즉, 다가구에선 101호든 201호든 건물 전체를 한 명이 소유하는 것이고, 다세대에선 101호와 201호의 소유자가 다르다.

공동주택에서 하나 알아야 할 것이 토지의 공유지분이다. 만약 80평 넓이의 토지에 다세대주택을 지었다고 가정하자. 이 다세대주택엔 101호부터 402호까지 총 8가구가 살고 있으며, 각 가구는 토지 10평 지분을 나눠 가지고 있다. 그렇다면 101호 소유주는 101호에 해당하는 건물과 토지의 10평분을 소유했다고 할 수 있는데, 과연 80평 중 어디의 10평을 소유하는 것일까?

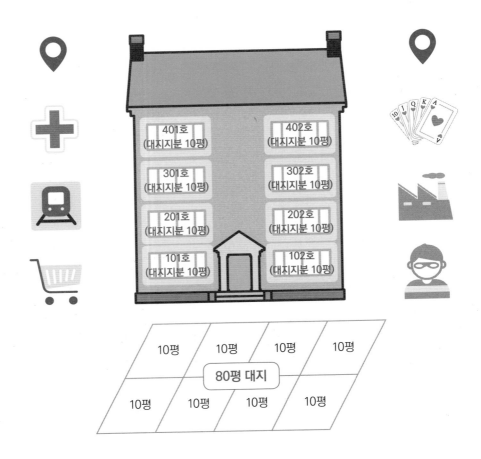

만약 다세대주택 왼쪽엔 역과 공원이 접해 있고, 오른쪽엔 혐오시설이 접해 있다면 8가구 중 누구나 왼쪽 부분의 10평을 가지려 할 것이다. 하지만 공동주택의 경우 8명이 건축물에 대해서는 명확하게 구분하여 소유하지만, 토지에 대해서는 지분으로 소유하게 된다. 이러한 건물을 집합건물이라고 하는데 이것이 중요한 이유는 토지와 건물을 분리해서 평가할 줄 알아야 하기 때문이다.

단독주택은 그 건물과 토지 전부가 1명의 소유자이기 때문에 상관

부장님보다 돈 잘 버는 직장인의 부동산 투자

없지만, 다세대주택의 경우 가구마다 대지지분의 비중이 다른 경우가 있다. 가령 101호는 80평 중 15평의 지분을 가지고 있는데 402호는 5평의 지분만 가지고 있다면, 높은 곳이 전망이 좋다고 402호를 사야 할까? 부동산의 본질은 결국 토지이기 때문에 아무리 전망 좋은 4층이라고 해서 무턱대고 사면 안 된다. 건물은 세월이 흐름에 따라 낡기 때문에 건물 가치는 떨어질 수밖에 없다. 부동산의 가격이 오르는 것은 토지의 가격이 상승한 탓이지, 건물 가격이 상승한 탓은 아니다.

그럼 공동주택에서 그 세대가 가지고 있는 대지지분의 비중은 어떻게 확인할까? 부동산도 사람과 마찬가지로, 외모보다 성격을 봐야 한다. 건축물의 종류는 외관만 봐도 알 수 있지만, 토지의 지목, 용도, 그 건축물이 보유한 토지지분 등은 서류를 봐야 알 수 있다. 건축물이 정말 아름답고 지어진 지 얼마 안 된 새 건물인데, 토지지분이 없는 건축물도 있다. 이런 부동산을 모르고 매입하면 건물의 가치는 노후화될수록 가치가 떨어지고 향후 건물을 철거하면 사라지고 만다. 자동차 사서 잘 타다가 폐차하는 소모품과 같은 것이다. 실제로 건물과 토지의 소유주가 다른데 건물 주인만 채무상 문제가 있어 건물만 경매에 나오는 경우도 있다.

이제는 부동산을 볼 때 외모만 보지 말고, 그 본질을 보도로 하자. 본질을 보기 위해서는 부동산 서류를 봐야 하는데 부동산 서류는 대장과 등기로 나뉜다.

	대장	등기
관리주체	행정부 (구청, 시청)	사법부(등기소)
기준내용	물리적 현황	권리적 현황

산부인과에서 아이가 태어나면 출생증명서를 발급해준다. 이 아이의 성별, 태어난 날짜와 시간, 산모는 누구인지, 출생 당시 몸무게 등, 그 아이의 물리적인 현황이 적혀 있다. 그것을 가지고 동사무소에 가서 출생신고를 하면 등본, 초본이 나온다. 그땐 아이의 이름, 가족관계 등 대한민국 국민으로서 권리를 누릴 수 있도록 신고하는 것이다.

부동산의 출생증명서는 토지대장, 건축물대장이고, 등본·초본이 등기부등본이다. 건물이 지어질 때 완공이 되어 사용승인을 받으면 건축물대장이 나오고, 이를 토대로 취득세를 내면 등기부등본이 나오게 된다. 건축물대장에는 그 건축물의 도면, 준공연도 등 물리적인 현황이 적혀 있고, 등기부등본에는 그 건축물의 소유자, 담보로 받은 채무 등 권리사항이 적혀 있다.

간혹 토지대장과 등기부등본의 내용이 다른 부동산이 있다. 가령 토지대장엔 80평에 송씨 소유인데, 등기부등본엔 81평에 정씨의 소유로 된 경우, 어떤 것이 맞는 것일까? 최근엔 거의 산부인과에서 출산하기 때문에 태어난 날짜를 조작하는 것이 불가능하지만, 만약에 조작을 했다고 가정해보자.

1월에 태어났는데 2월 태어났다고 조작해서 출생신고를 했다면 그 아이가 진짜 태어난 날은 1월일까? 2월일까? 아무리 조작을 해도 그 아이의 태어난 날이 본질적으로 바뀌진 않는다. 따라서 토지대장의 정보인

부장님보다 돈 잘 버는 직장인의 부동산 투자

80평이 맞다. 하지만 출생증명서에 산모가 A라고 적었는데, 그것을 B가 산모라고 조작한 후 출생신고를 했다면 그 아이의 엄마는 누구일까? 생모는 A지만, 법적 엄마는 B이다. 따라서 부동산의 소유자는 정씨이다. 이처럼 대장은 물리적 현황을, 등기는 권리적 현황을 나타낸다.

이제 부동산을 토지와 건물로 구분하여 볼 수 있고, 서류를 통해 토지 및 건축물의 종류와 속성까지 파악할 수 있게 되었다. 그 말은 이제 '부동산=아파트'라는 관점을 벗어나 부동산의 본질을 파악하고 더 많은 종목을 알아보는 눈을 갖게 되었다는 뜻이다. 아는 것이 많아지면 보이는 것이 많아지고, 보이는 것이 많아지면 투자의 길도 많아지게 마련이다. 아울러 같은 아파트 투자를 하더라도 알고 하는 것과 모르고 하는 것의 차이는 크다.

부동산을 대할 때 현재 가치뿐만 아니라 숨은 가치와 미래 가치까지 볼 수 있다는 것은 남들이 보지 못하는 부분을 보는 것이기에 더 효율적인 투자로 이어진다. 부동산 중개인을 포함한 주변의 조언만을 듣고 투자하는 것이 아닌, 조언은 들되 내가 판단하고 투자할 수 있어야 한다.

투자자라면 결국은 내가 잘하는 종목을 찾아 그것을 집중적으로 분석하고 주 무기로 만드는 것이 필요하지만, 먼저 부동산 전체와 본질을 보는 관점을 기르고 나서, 경험을 통해 하나씩 나만의 방향을 찾아가는 것이 중요하다.

부동산의 생애주기

고구려에 온달이라는 장군이 있었다. 그는 어려서 워낙 어리석어 바보 온달이라고 불렸다. 그런데 고구려 평강왕의 딸인 평강공주가 온달에게 시집가서 공부를 시키고 무예를 익히게 했다. 후에 그는 사냥대회에서 우승하고 전쟁에서 큰 공을 세워 벼슬을 얻었다. 한국인이라면 누구나 알고 있는 '바보 온달과 평강공주' 이야기다.

또 중국 주나라에 강태공이라는 사람이 있었다. 그는 가난했음에도 불구하고 집안을 돌보지 않고 낚시와 공부만 하던 사람이었다. 이에 지친 아내는 그를 버리고 떠났지만, 훗날 그는 주나라 무왕을 도와 천하를 평정하는 인물이 되었다. 세월이 지나 강태공은 우연히 길에서 한 노파를 만났고, 그녀가 예전에 자신을 버리고 도망간 아내였음을 알았다. 그녀는 예전처럼 다시 살자고 애원했지만, 강태공은 그릇에 담긴 물을 바닥에 붓고, 엎질러진 물은 다시 담을 수 없다는 말을 했다고 한다. 이는 엎질러진 물은 다시 주워 담을 수 없다는 뜻의 사자성어

'반수불수(反水不收)'에서 유래하는 이야기이다.

바보 온달과 강태공의 인생을 보면 처음엔 보잘것없지만, 노력이나 누구를 만나냐에 따라 훌륭한 인물이 된다는 것을 알 수 있다. 두 사람의 아내 입장에서 보면 지금은 보잘것없는 사람이지만, 후에 훌륭한 사람이 될 재목이라는 것을 알아보고 옆에 있든지, 아니면 자신이 훌륭한 사람으로 키우는 게 바람직하다.

부동산도 사람과 마찬가지다. 부동산도 생애가 있고, 생애별로 그 가치를 발휘하는 정도가 다르다. 투자자라면 그 가치를 남들이 보지 못할 때 알아보고 미리 선점해야 평강공주가 될 수 있다. 지금의 상태만 보고 부동산을 택한다면 엄청난 경쟁률을 이겨내든지, 엄청난 자금이 투입되어야 한다.

그런데도 투자자 대부분이 강태공의 아내처럼 현재의 가치만을 보고 결정하려는 이유는 가장 확실하고 리스크가 없기 때문이다. 리스크가 적을수록 경쟁률은 높아지고 수익은 낮아진다. 투자라는 것은 필연적으로 리스크를 가지고 있으며, 적은 경쟁률로 많은 수익을 내기 위해서는 어느 정도의 리스크는 안아야 한다. 투자자가 평강공주와 같이 사람의 재목을 보는 눈을 가지고 있다면 리스크는 얼마든지 헷지

(hedge)할 수 있다.

이미 확실하게 만들어진 것을 사는 것은 투자가 아닌, 단순한 매입이다. 우리가 아파트와 빌라, 특히 신축건물을 가장 많이 선호하고 투자하는 이유는 가장 확실하기 때문인데 이는 부동산 생애주기에서 가장 마지막 단계이자, 가장 자금이 많이 필요한 단계이며, 가장 아래 단계의 투자라고 볼 수 있다. 물론 신축건물의 가격이 계속 올라갈 수 있지만, 그것은 결국 수요자의 단계 내에서 다른 시장요인(공급과 수요, 정책, 호재 등)에 의한 것이다. 이러한 요인은 스스로 전혀 통제할 수 있는 범위가 아니기 때문에 자산의 가치를 시장의 손에 맡길 수밖에 없다.

하지만 시간과 노력을 통해 공급자나 원자재 단계로 간다면, 시장요인 외에 자신이 통제할 수 있는 요인으로 그 부동산의 가치를 상승시킬 수 있다. 물론 부동산 투자를 처음 시작하는 초보일 땐, 당연히 아파트와 빌라로 시작하는 것이 맞다. 하지만 점차 경험이 쌓이다 보면 수요자에서 조금씩 공급자, 원자재, 가공자의 영역으로 가서 보다 적은 경쟁률로 보다 많은 수익을 내도록 해야 한다.

주기별 투자종목과 전략

    계속해서 투자의 영역에 대해 강조하는 이유는 궁극적으로 부자가 되기 위해서는 결국 원자재의 영역에 가야 하기 때문이다. 어떤 이유 때문인지 영역별 특징을 정리를 해보자.

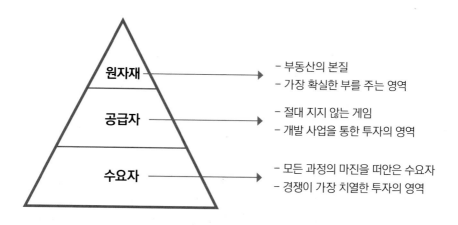

    인도에는 아직 신분제도인 카스트제도가 있다. 우리나라도 조선 시

대에 신분제도가 있었다. 인도나 조선의 신분사회에서는 다시 태어나지 않는 한 신분상승이 불가능하지만, 자본주의 사회에서 신분상승은 자신의 노력으로 가능하다.

현재 우리나라는 인격체로서 신분은 누구나 평등한 사회지만, 자본주의 측면에선 분명 신분이 있다. 다만, 사다리를 통해 충분히 신분상승 할 수 있으며 그 노력의 첫걸음이 바로 저축과 투자이다.

투자자의 영역에서도 신분까지는 아니지만 영역을 위 그림과 같이 나눌 수 있다. 대부분의 투자자는 수요자의 영역에서 투자활동을 하는데, 차츰 공급자, 원자재, 가공자의 영역으로 확장해 나가야 한다. 수요자의 영역에서는 말 그대로 투자에 불과하며, 자신의 투자성과를 시장에 맡기는 것에 불과하다. 하지만 영역을 넓혀갈수록 투자성과를 일정 부분 자기 노력으로 바꿀 수 있기 때문에 투자+사업의 영역이라고 볼 수도 있다. 물론 대규모 재개발 사업지의 부동산을 매입했다면 개인이 영향력을 발휘하기 어려울 수 있지만, 어쨌든 큰 개발사업의 작은 지분이라도 참여한 것으로 볼 수 있다.

영역별로 하나씩 예를 들면, 원자재 영역에서 대표적인 플레이어는 LH(한국토지주택공사)이다. 사실 국가라고 봐도 과언이 아니다. 기존의 정돈되지 않은 토지를 수용하여 예쁘게 정리정돈을 하고 구획을 나눠 용도별로 토지 자체를 분양한다. 신도시가 대표적인 예인데, 이때 원주민들이 토지 보상을 충분히 받지 못하거나 의견이 맞지 않아 반대 시위를 하는 것을 흔히 볼 수 있다.

그럼에도 국가는 국민들에게 양질의 주택공급을 하기 위해 공공정책으로서 이를 추진한다. 따라서 상업적인 목적을 배제하고 대형 시행사에 토지를 분양하지만, 만약 LH가 공기업이 아닌 민간기업이었다면 토지를 분양하지 않고 아마 직접 공급까지 했을 것이며, 이럴 경우 막대한 부를 이루었을 것이다. 물론 민간기업이었다면 원주민들은 반대 시위를 할 필요 없이 매도 자체를 하지 않으면 될 것이다.

신도시의 택지 분양을 예로 들었지만, 민간 시행사의 경우 대규모 지주작업을 통해 주택을 공급하는 경우가 있는데, 이때는 원주민들에게 시세보다 많은 금액을 주고 대규모 토지를 매입하게 된다. 만약 시세보다 적게 준다면 원주민들이 팔지 않을 것이기 때문이다. 시세보다 비싸게 주어서라도 대량으로 토지를 매입한다는 것은 그만큼 원자재와 공급자 영역에서 취하는 이익이 많다는 것을 보여준다.

이렇게 국가나 대형기업들이 하는 영역에 개인이 어떻게 발을 들여 놓을 수 있겠냐는 의문이 들 수 있다. 당연히 개인이 수백, 수천 평의 부동산을 수백 명의 원주민을 설득해서 매입한다는 건 불가능에 가깝다. 하지만 규모를 작게 생각하면 개인도 충분히 원자재나 공급자의 영역에 투자할 수 있으며, 비록 원자재의 영역까지 가지 않더라도 대규모 재개발사업의 조합장을 하거나 그것도 아니면 단지 이런 영역을 이해하는 것만으로도 공급자 마인드를 가질 수 있으며, 이는 부동산 투자를 하는 관점을 바꿔준다. 그러므로 개인의 영역이 아니라고 해서, 그저 수요자의 영역을 고집하지 말고 원자재나 공급자 영역에 관심을 가질 필요가 있다.

공급자 영역은 LH에서 분양받은 토지에 아파트를 짓는 시행사이다. 사실 독자의 이해를 돕기 위해 원자재와 공급자의 영역을 나눠 놓았지만, 원자재인 토지를 가지고 있는 사람이 새롭게 개발행위를 해서 주택 또는 상가를 공급한다면 공급자로서 역할도 하는 것이다. 신도시의 경우 LH가 국민들에게 주택공급을 하기 위해 원자재의 역할을 대신했을 뿐이다.

어쨌든 이런 토지를 분양받은 대형 시행사는 아파트를 짓고 수요자에게 분양한다. 개인이 LH에 직접 소규모 택지를 분양받는 경우도 있는데, 1층에 상가를 두고 2~4층에 주택으로 구성된 작은 건물을 지어 직접 운영하는 것이 이에 해당한다. 공급자의 영역은 조금만 관심을 가지면 개인도 충분히 소규모로 투자할 수 있는 영역이고, 성공만 한다면 절대 손해를 보지 않는 영역이기 때문에 투자이면서 사업이라고도 볼 수 있다.

수요자의 영역은 대부분 개인이며, 부동산 투자 영역에서 가장 아래 단계이기 때문에 원자재와 공급자의 마진을 포함한 많은 자금을 투자해야 한다. 자본주의 사회에서 수요자 영역에 대한 투자는 바람직하지 않지만, 부동산의 특성상 한번 공급이 되면 최소 30년은 그 가치를 인정받고 감가상각에 대한 시간적 여유가 충분하므로 수요자의 영역에서만 투자해도 시간적 여유만 있다면 충분히 부를 이룰 수 있다.

여기서 말하는 시간이란, 휴가를 가거나 잠자는 시간을 말하는 것이 아니고, 수년간 그 부동산을 소유하고 버틸 수 있는 시간을 의미한다. 수요자의 영역에서 부동산 그 자체의 본질에 대해서는 확실하기 때문에 그 부동산의 미래 가치만 고민하면 된다. 한편 분양가 대비 미래가치만 고민하면 되기 때문에 쉬울 수 있겠으나, 그만큼 경쟁이 치열하고 미래가치라는 것은 개인이 영향을 미칠 수 있는 범위가 아니므로 전적으로 자신의 예측에만 의존해야 하는 게임이다. 물론 분양을 받

부장님보다 돈 잘 버는 직장인의 부동산 투자

있는데 하자가 있을 수 있겠으나, 대부분 하자보증이라는 법적 테두리 안에서 해결되기 때문에 걱정하지 않아도 된다.

가공자의 영역은 새로운 공급자의 영역이라고도 할 수 있다. 따라서 수요자의 영역에만 투자하던 개인이 공급자의 영역으로 가기 전에 가장 먼저 들르는 곳이 가공자의 영역이다. 부동산을 분양받아 거주하거나 보유하면서 시간이 흐르면 수리할 곳이 생긴다. 건물이라는 것은 인간이 만든 구조물이기 때문에 당연히 수명이 있고 노후가 된다.

가공자는 이런 오래된 부동산을 매입해서 깨끗하게 수리를 하고 수리를 위해 투입된 자금보다 많은 금액으로 매도한다. 무에서 유를 창조하는 공급자만큼은 아니지만, 유에서 새로운 유를 창조했기 때문에 그 행위 자체만으로도 무조건 수익이 나는 구조이며, 그 행위도 신축에 비해 리스크나 난이도가 낮으므로 충분히 개인이 할 수 있는 영역이다. 다만, 그 범위에 따라 1개 세대, 1개 건물, 1개 단지로 구분할 수 있는데 대부분의 개인 투자자는 아파트나 다세대 1개 세대에 한해 리모델링을 하거나, 조금 더 나아가면 오래된 단독주택이나 다가구 주택을 대수선하기도 한다.

최근 수도권 1기 신도시의 경우 새롭게 아파트를 공급하는 재건축보다는 기존의 아파트를 개선하는 리모델링 사업이 더 많이 검토되고 있다. 이 경우 아파트 단지 전체에 해당하기 때문에 개인의 영역은 아니지만, 가공자의 마인드를 가지고 접근하면 지분투자자로 충분히 수익을 볼 수 있다.

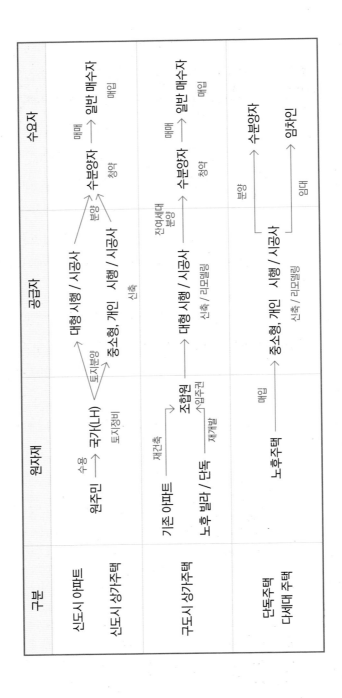

구분	원자재	공급자	수요자
신도시 아파트	원주민 --수용--> 국가(LH) --토지분양--> 대형 시행 / 시공사, 중소형, 개인 시행 / 시공사 (신축)	--분양--> 수분양자 --매매--> 일반 매수자 (청약 / 매입)	
신도시 상가주택			
구도시 상가주택	기존 아파트 --재건축-->, 노후 빌라 / 단독 --재개발--> 조합원 (입주권)	대형 시행 / 시공사, 중소형, 개인 시행 / 시공사 (신축 / 리모델링) --분양--> (잔여세대 분양)	수분양자 --매매--> 일반 매수자 (청약 / 매입)
단독주택 다세대 주택	노후주택 --매입-->	중소형, 개인 시행 / 시공사 (신축 / 리모델링) --분양-->	수분양자 --임대--> 임차인

부장님보다 돈 잘 버는 직장인의 부동산 투자

지금까지 설명한 부동산 생애와 그에 따른 투자자의 영역을 표로 구분해서 정리했다. 장님이 코끼리를 만질 때 어느 부위를 만지는지에 따라 상상하는 코끼리의 모습이 다르다. 하지만 전체를 알고 만진다면 그 부위를 이해하는 데 큰 도움이 될 것이다. 기다란 코인지 알고 만지는 것과 모르고 만지는 것은 차원이 다르다.

　지금까지 부동산을 토지와 건물로 구분해서 알아보고, 건물의 종류에 대해 알아봤다. 또 부동산의 생애주기와 그에 따른 투자영역에 대해서도 알아봤다. 표를 보면 우리가 평소 관심을 가졌던 종목들이 대부분 수요자 영역이었다는 것을 알 것이다. 그리고 사람들이 분양권, 입주권 투자를 한다고 하는데, 잘 몰랐던 사람에게는 다소 막연했을 테지만, 지금은 조금이나마 정리가 되었을 것이다. 물론 입주권과 재개발을 설명하기 위해서는 별도로 책 한 권을 써도 부족하다. 기본계획 수립부터 조합설립, 사업시행인가, 관리처분인가 등 엄청난 양의 생소한 단어와 공부할 것들이 숨어있기 때문이다. 일단 내가 잘 아는 종목과 지역부터 투자를 시작해보고, 공부를 하면서 하나씩 경험해보는 것을 추천한다.

　만약 독립을 했다면, 아파트, 다가구, 다가구, 원룸 등에서 자가, 전세, 월세 계약을 한번쯤은 해봤을 것이다. 나는 부동산 계약을 신물나게 해봤지만, 아직도 내 명의로 처음 부동산 계약을 했던 경험을 잊지 못한다. 나 혼자 살기 위한 오피스텔 전세 계약이었는데, 그 계약에 내가 열심히 저축한 피 같은 돈이 들어가니 그럴 수밖에 없었다.

　부동산은 노숙생활을 하지 않는 이상 의식주를 이루는 3요소 중 하나로 누구나 한번은 경험해야 하는 영역이고, 또 그렇게 필수재로 경험을 하다가 투자자의 길을 걷기 시작한다. 목적이 어떠하든 내 자본을 지키기 위해서는 그 분야를 공부해야 한다. 따라서 현재 자신이 거주하기 때문에 잘 알고 있는 종목부터 투자를 해보는 것을 추천하고, 조금씩 공부와 경험이 쌓이면 자신이 경험해 보지 못한 종목도 공부하고 경험하길 추천한다. 만약 아파트가 익숙하다고 아파트 투자만 고집한다면 시장에 위기가 오거나 규제가 들어올 때 대응할 수 있는 폭이 줄어든다. 즉, 지속적인 투자로 수익을 내기 위해서는 주 종목이 있어야 함은 물론, 다른 종목에도 관심을 둘 필요가 있다.

부장님보다 돈 잘 버는 직장인의 부동산 투자

대출은 돈을 빌리는 게 아니라 시간을 사는 것이다

투자를 하려면 기본적으로 레버리지에 대한 이해가 필요하다. 100% 열심히 일 해서 번 근로소득으로 투자를 하면 가장 안정적이지만 안정만 찾다 보면 부자가 되기 어렵다. 안정은 부자가 된 다음에 찾아도 충분하다.

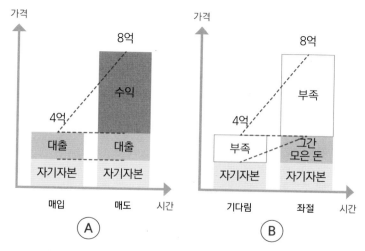

위 그래프에서 A는 2억을 대출받아 자산을 매입했다. 후에 매도했을 때 비록 이자비용을 부담했지만, 4억의 자산을 만들 수 있었다. B는 대출이 싫고 안정적으로 전부 자기 돈으로 사고 싶어서 2억을 더 모으기로 했다. 그런데 2억을 모았을 땐 이미 4억이 더 필요하게 되었다. 최근 몇 년간 부동산 시장이 이와 같았다.

A는 군이 팔지 않더라도 2억만 천천히 근로소득으로 상환해 나가면 자산을 매도하지 않고 온전히 8억의 자산을 가질 수 있다. 대

출이라는 지렛대를 이용해, 자산가치가 올라가는 시간의 발목을 잡았기 때문에 가능한 것이다.

그럼 자산이 오르지 않았다고 가정해보자.

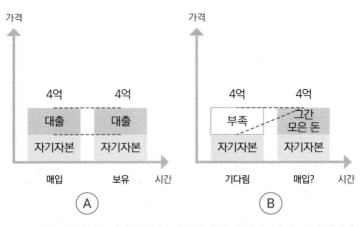

A는 매입 후 이자비용을 지불하면서 자산을 가지고 있었지만 자산가치가 그대로이다. 이때 A가 잃은 것은 이자비용과 투자금에 대한 기회비용이다. 하지만 매입할 당시에는 자산가치가 상승할 가능성에 대한 기회를 얻은 것이고, 이자비용을 납입하면서 그 기회의 시간을 지속적으로 얻고 있는 셈이다. 만약 매도하지 않는다면 추후 수익이 날 가능성의 기회를 계속 보유하고 있다고 생각할 수 있다.

반면 B는 자산가치의 변동이 없는 동안 근로소득을 통해 드디어 자산을 매입할 자금을 마련했다. 그런데 B가 과연 그 자산을 매입할까? 아마 B는 매입하지 않을 것이다. 자신이 근로소득으로 모으는 속도보다 느리게 상승하는 자산에 대해 과연 자기 자금 100%

를 투자할지 의문이기 때문이다. 지렛대를 이용하지 않는 사람은 통상 투자에 보수적인 성향을 띠므로 자금이 준비되어도 매입하지 않는 게 일반적이다.

만약 대출을 받았는데 가격이 하락하면 어떻게 될까? 그럼 당연히 곤란한 상황을 겪을 것이다. 이럴 경우 대출을 받은 것이 위험한 것일까? 아니면 공부를 하지 않고 하락할 종목에 투자한 자기 자신이 위험한 것일까? 대출 자체가 위험한 것이 아니고 공부도 안 하고 남의 말만 듣고 투자하는 무면허 운전이 위험한 것이다.

그래도 혹시 하락했을 때, 대출 없이 저축한 돈으로만 투자했다면 이자를 내지 않으니 괜찮다고 생각할 수도 있다. 그렇다면 저축한 돈으로 투자한 것은 잃어도 되고, 대출받은 돈은 잃으면 안 되는 것일까? 저축해서 만든 돈이나 대출받아 만든 돈이나 똑같이 잃으면 안 된다는 생각으로 투자에 임해야 한다. 그리고 만약 부동산 가격이 내려갔다면 다시 오를 때까지 기다리면 그만이다. 내가 감당할 수 있는 범위 내에서 대출을 받았다면 가격이 내려갔을 때 물론 마음은 아프겠지만 당장 타격이 오는 것은 아니다. 특히 실거주하는 집을 매입할 때 대출을 받았다면 그 집이 오르든 내리든 상관없이 그냥 살다 보면 적어도 물가상승률만큼은 오를 것이다.

물론 이자를 내는 대출보다는 내지 않는 종잣돈이 더 안전하고 좋다는 것은 누구나 충분히 이해한다. 다만, 내가 얘기하는 것은 대출을 통해서 시간을 단축하자는 의미이고, 정말 위험한 종목에만 투자하지 않는다면 대부분 목적 없이 저축해서 만든 현금을 가지고 있는 것보다는 투자를 통해 인플레이션을 방어하고 자산을 증식한다는 의미이다.

　준비(공부)를 하기 위해, 종잣돈을 모으기 위해, 특정 투자처를 기다리기 위해, 전략적인 기다림을 위해 단기적으로 현금을 보유할 수는 있겠지만, 현금을 모으는 것 자체가 목적이 되어서는 안 된다. 만약 부동산이 떨어질 것 같다면, 부동산 시장이 떨어질 때 상승하는 투자처에 투자를 하면 된다. 본인이 판단할 때 경기가 불황이라 부동산이 하락할 것 같으면, 경기가 불황일 때 상승할 만한 투자처를 찾아 투자하면 된다. 미국 달러도 있고 금도 있다. 나는 꼭 부동산을 강조하는 것이 아니고, 레버리지를 이용하고 투자를 하면서 자본주의 추월 차선에 올라타라고 말하는 것이다.

　대출을 받아 돈이 생겼을 때 투자가 아닌 소비의 유혹에 빠지면 안 된다. 소비는 달콤하고, 저축과 투자는 쓰다. 대기업에 입사하는 많은 신입사원들이 소비의 단맛에 많이 빠진다. 처음으로 돈을 제대로 벌면서 정장 입고 사원증을 목에 걸고 커피를 마시면서 도심에서 일하는 것은 얼마 전까지 대학생이던 자신이 마치 '치트키'를 쓴 느낌이다. 급여는 아무리 초봉이 낮다 하더라도 혼자 생활하면서 쓰기엔 풍족하다. 그동안 갖고 싶었던 물건도 큰 어려움 없이 살 수 있고, 신용카드가 생기면서 할부를 통해 자동차, 가방을 사기 시작한다.

　젊을 때 하고 싶은 것 하고, 먹고 싶은 것 먹고, 즐기는 것도 중요하다. 나 역시 그렇게 생각한다. 하지만 당장 아반떼 사지 말고 나중에 벤츠나 포르쉐를 출고하자. 왜 지금 신형 아반떼를 사려고 하는가? 그 돈으로 모닝 중고를 사고 남는 돈으로 투자해서 나중에 포르쉐를 뽑자. 어차피 아반떼나 모닝이나 큰 차이는 없고, 그 차이로 인해 데이트를 거부하는 여자가 있다면 그런 여자는 걸러야 한다. 모닝도 고속도로 충분히 탈 수 있고, 대형사고 발생하면 아반떼나 모닝이나 죽는 건 마찬가지다. 괜한 안전과 주행 질감 운운하면서 달콤한 소비를 합리화하지 말았으면 한다.

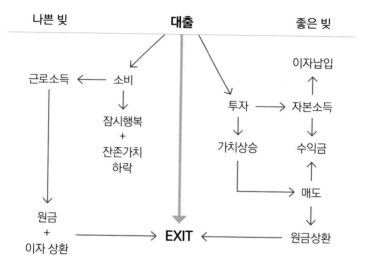

좋은 빚과 나쁜 빚이 있다. 좋은 빚은 투자를 하기 위한 대출이고, 나쁜 빚은 소비를 하기 위한 대출이다. 가장 기본적이고 누구나 아는 말일 수 있지만 흘려듣지 말아야 할 포인트이다. 대출을 받아서 소비를 했다면 통상 잔존가치가 줄어들기 때문에 더 많은 근로소득을 통해 대출의 원금과 이자를 상환해야 한다. 가령 차를 샀다면 그 차는 번호판을 다는 순간부터 감가가 시작되어 지속적으로 잔존가치가 하락한다. 한정판 슈퍼카가 아닌 이상 처분해서 남는 잔존가치를 제외하고는 모두 근로소득을 통해 극복해야 한다.

하지만 투자를 했다면 그 잔존가치가 유지 또는 증가할 확률이 크기 때문에 근로소득으로 대출에 대한 사용료(이자)만 지불하고, 나중에 그 자산을 처분하고 원금을 상환하면 된다. 여기서 포인트는 대출을 받아 절대 잔존가치가 증발하는 소비를 하지 말고, 투자를 하되 이자 이상의 가치가 발생해야 한다는 것이다. 이러한 투자 활동을 통해 제2의 월급을 만들어야 한다.

4장

★ ★ ★ ★ ★

부동산 투자,
육하원칙이 필수다

누가
투자의 주체와 명의

'누가'라는 부분에 대해서는 2가지 의미로 생각할 수 있다. 투자에 대한 주체 측면과 명의에 대한 측면이다. 먼저 주체에 관해 얘기한다.

회사 동기 중에 서울에 빌라를 샀다는 친구가 있었다. 나는 육하원칙에 따라 그의 투자 경험을 물어봤는데, 그는 하나도 대답을 하지 못했다. 명의만 본인 명의였을 뿐, 엄마가 사라고 해서 샀다는 것이다. 심지어 매입한 부동산이 정확히 어디에 있는지, 몇 평인지, 임차인이 월세인지 전세인지도 모르고 있었다. 그저 엄마와 손잡고 부동산에 가서 매매계약만 한 것이다. 이 투자의 주체는 어머니일까? 회사 동기일까?

나는 그의 어머니가 자식 명의를 빌려 어머니 본인의 투자를 했다고 생각한다. 물론 이 책을 읽는 독자 중 이 정도로 타인에게 의존하면서 자기 재산과 명의를 맡기진 않을 것으로 생각한다. 하지만 이 정도까진 아니더라도 많은 이들이 본인의 투자를 하면서 타인에게 결정을 맡기는 경우가 생각보다 많다. 물론 표면적으로는 본인이 결정해서 투자한다지만, 주변인에게 어디를 사야 하는지 물어보거나, 전문가가 찍어주는 지역을 전적으로 믿고 그냥 사는 경우가 흔하다. 물론 주변인과 전문가의 의견을 듣고 참고하는 것은 필요하나 스스로의 판단 없이 타인의 투자경력과 지식을 믿고 따라가는 투자는 위험할 수 있으며, 잘되면 다행이지만 잘못되어도 그들을 원망할 수도 없다.

본인이 투자한 결과에 대한 책임은 100% 본인 책임이다. 따라서 투자를 하는 주체가 진정한 자신이 되려면 스스로 공부를 하고 투자하는 물건에 대해 확실한 판단이 생겼을 때 진행하는 것을 추천한다.

회사 동기의 경우 물론 어머니이기 때문에 큰 상관은 없지만, 혹여 친척이나 지인이었다면 투자가 잘못되었을 때 분명 갈등이나 문제의 소지가 생길 것이다. 그렇다면 회사 동기의 어머니는 왜 본인 명의가 아닌 자식 명의로 빌라를 매입했을까? 여러 가지 이유가 있을 것이다. 자식 명의로 매입하면서 자연스럽게 투자 경험을 하게 해주면서 자식의 자산을 증식해주고자 하는 마음이 있었을 것이다. 하지만 결정적인 이유는 무주택자인 자식의 명의로 담보대출을 받고, 추후 양도 시 절세를 하기 위한 목적이 컸을 것이다.

'누가'라는 부분의 두 번째 측면인 명의에 관해 얘기해보자. 부동산 투자가 주식투자와 다른 점은 세금, 대출의 이슈가 더 크다는 사실이다. 특히 세금은 취득, 보유, 매도(양도)할 때마다 발생하며, 부동산 특성상 레버리지(대출)가 필요하기 때문에 세금과 대출에서 자유롭기는 어렵다. 이런 어려움을 직접 맞닥뜨리는 것이 바로 부동산 소유자의 명의이다. 촌수를 따지지도 않는 부부라도 부동산 명의가 누구인지에 따라 종합부동산세 차이가 나는 것을 보면 부동산 명의가 얼마나 중요한지 알 수 있다.

실거주가 아닌 투자자 입장에서 명의는 당연히 투자자 본인의 명의라고 생각할 수도 있지만, 회사 동기의 어머니처럼 그렇지 않은 경우도 있다. 이 경우처럼 타인의 명의를 이용하여 세금과 대출에서 가급적 이로운 방향으로 가고자 하는 것이 본능적으로 효율을 추구하는 인간이라면 당연한 행동이다.

이처럼 돈을 벌기 위한 투자자라면 앞서 언급한 두 가지(세금, 대출)가 명의에 따라 변한다는 것을 알고, 합법적인 선에서 가장 효율적으로 수익을 내기 위한 명의 사용을 고민할 필요가 있다. 알고 보니 회사 동기의 어머니는 부동산 투자를 꽤 적극적으로 하던 분이었다.

구분	내용	투자 전략
무주택자	청약점수를 쌓고 있다면 나와 내가 포함된 세대의 명의로 주택매입을 신중히 해야 함	• 명의는 청약성공을 위해 아끼고, 비주택(상가 등)부동산에 먼저 투자 또는 법인명의 활용
1주택자	2번째 주택을 투자할 때 대출이 제한될 수 있으며, 추후 매도 시 양도세가 많이 나올 수 있음	• 똑똑한 한 채를 놔두고, 세금 내면서 다주택자 테크 • 일시적 2주택으로 비과세 받으면서 지속 투자 • 1주택 신분 유지하면서 실거주 업그레이드만 하면서 비주택부동산 투자로 테크 변경
다주택자	대출이 어려움은 물론 양도세 중과, 종합부동산세도 나올 수 있음	• 사업자를 활용하는 방안 검토 필요 • 정부규제 및 세금과 부동산사업자에 대한 해박한 지식이 필요 • 주택이 아닌 상업용 부동산이나 개발투자로 전략을 변경

그런데 부동산 투자는 왜 세금과 대출로부터 자유롭기가 어려울까? 자본주의 사회에서 사업(주식)은 최소한의 규제 속에서 최대한의 성과를 내도록 유도하는 것이 국가 경제와 성장에 유리하지만, 국민 모두의 공공성과 주거 안전성 등을 고려하는 국가 입장에서 부동산은 그저 시장에만 맡기기에는 무리가 있기 때문이다. 따라서 많은 국민들의 주거 안정을 위해 부동산 투자에 필요한 세금과 대출규제를 함으로써 시장에 간섭하는 것이다.

아울러 사유재산을 존중하는 국가에서 부동산이 개인의 소유라고 생각할 수 있지만, 큰 범위에서 부동산은 국가의 소유라고 해도 과언이 아니다. 가령 부동산을 보유하면 재산세를 내는데, 만약 내지 않으면 국가에서 압류해 간다. 국가는 세금이라는 제도를 통해 사유재산을 인정하면서도 통제할 수 있는 권한이 있다.

이렇듯 국가는 세금과 대출규제라는 도구를 통해 부동산 시장을 통제한다. 그런 만큼 개인의 수익률 극대화를 위해서는 이 두 가지(세금, 대출) 측면에서 조금이라도 유리한 방향으로 명의를 활용할 필요가 있다.

명의는 단독명의와 공동명의로 구분되며, 개인, 개인사업자, (법인)사업자 등으로도 구분할 수 있다. 앞에서 대장과 등기에 대해 살펴봤다. 부동산의 소유자를 인정하는 문서는 등기부등본으로, 누군가 부동산을 매입했다는 것은 등기소에 가서 그 부동산의 등기에 자기 이름을 기재하는 행위를 말한다.

그 등기에 한 사람의 이름이 기재되면 단독명의고, 여러 명의 이름이 기재되면 공동명의가 된다. 공동명의는 대표적으로 부부가 주택을 매입할 때 많이 이용한다. 공동명의를 하면 종부세와 양도세에서 절세효과를 누릴 수 있다. 그렇다고 원래 남편 단독명의의 집을 공동명의로 바꾸면 등기비용, 아내의 취득세 및 증여세가 발생할 수 있으니 손익을 잘 따져 결정하는 것이 좋다. 만약 투자목적으로 부동산을 공동명의로 매입한 후 임대소득이 발생할 경우, 외벌이 부부로 둘 중 한 명이 피부양자인 상태에서 일정 금액 이상의 임대사업 소득이 발생하면 지역가입자로 전환되어 건강보험료가 증가할 가능성도 있다.

단독명의와 공동명의의 차이점과 장단점, 절세효과는 얼마나 기대되는지 등은 세무전문가와 상담을 하거나 관련 내용을 공부한 후 개인의 재산 상황에 맞게 해법을 찾아보기 바란다.

투자를 할 때는 통상 단독명의로 한다. 공동명의로 얻는 절세효과보다, 투자에 대한 의사결정 및 행정업무의 수월함 등의 이점이 더 크기 때문이다. 만약 투자자들끼리 투자를 한다면 한 명의 명의를 활용해 투자하고 투자자 간에는 공동투자 계약서를 쓰는 형태로 하기도 하는데, 이는 공동투자라고 한다.

여하튼 단독명의로 투자를 하면 당장 개인(본인) 명의를 활용해 투자할 것이다. 자신이 현재 전세에 살고, 첫 번째 주택에 투자했다면 큰 문제는 없다. 하지만 두 번째 투자부터는 세금과 대출의 규제 때문에 어려움에 직면한다. 주택 수를 판단하는 기준은 1세대 1주택이기 때문에 배우자의 명의를 활용하기도 어렵다. 이때 활용할 수 있는 것이 개인사업자와 법인사업자이다.

먼저 사업에 대해 이해할 필요가 있다. 옆집 아주머니가 김치를 담갔다. 그런데 손이 커서 김치를 너무 많이 담갔다. 그래서 이웃집에 조금씩 나눠줬는데 사람들이 너무 맛있다면서 그냥 얻어먹기 미안한지 돈을 조금씩 주었다. 이듬해에도 이왕 하는 김장 넉넉히 해서 또 이웃들에게 나눠주었고, 이웃들은 감사의미로 돈이나 과일 등으로 보답을 했다. 그런데 그 소문이 퍼져 다른 동네에서도 김치 좀 달라고 한다. 그래서 이 아주머니는 아예 돈을 받고 팔 생각으로 김치를 대량으로 담그고 예쁘게 포장해서 돈을 받고 팔았다.

이 아주머니가 처음 김치를 담그고 나눠준 것은 비록 돈을 받긴 했지만 그것을 돈을 벌기 위한 목적으로 한 것은 아니었다. 하지만 김치 담그는 실력을 인정받고 많은 이들의 수요를 확인하면서 아예 돈을 벌 생각으로 김치를 담그기 시작했다. 이처럼 돈을 벌기 위한 목적이 다분한 경우 사업으로 볼 수 있다.

집을 사서 임차인에게 임대하는 것도 마찬가지이다. 어쩌다 보니 집이 두 채가 되었고, 그 집을 비울 수 없으니 다른 이에게 돈을 받고 임대하는 것과 아예 돈을 받고 임대할 목적으로 집을 매입하는 것의 차이이다.

개인사업자 또는 법인사업자를 낸다는 것은 내가 임대업을 목적으로 부동산을 매입하겠다는 것이다. 사업을 목적으로 부동산 매매 및 임대업을 지속적으로 하겠다는 생각이 있다면 사업자를 내는 것이 좋다. 매매사업자의 경우 사업목적이기 때문에 양도소득세가 아닌 사업소득세를 적용받고, 사업자대출을 받기 때문에 대출이 조금 수월할 수 있다. 다만, 사업소득은 양도세와 달리 종합과세이기 때문에 자신이 별도의 소득이 있을 경우, 합산하여 과세하므로 더 불리할 수 있다.

아울러 최근 서울과 같은 규제지역의 경우 사업소득세와 양도소득세 중 세금이 더 많은 쪽으로 납부하는 비교과세 형태이기 때문에 개인 매매사업자로 규제지역에서 사업하는 것은 큰 이점이 없다. 또한 결국 개인의 명의를 사용하는 것이기 때문에 개인 명의 사용에 따른 다른 제한사항이 없는지 미리 세무사와 상담해보는 것을 추천한다.

만약 본격적으로 제대로 부동산 투자를 하고 싶은데, 개인 명의는 깔끔하게 지키고 싶다면 법인사업자를 내는 것을 추천한다. 법인사업자는 통상 주식회사 형태의 지분을 토대로 설립한 하나의 사업체(인격체)로서 자신과는 별개의 새로운 명의를 만드는 것이다. 삼성전자와 애플이 핸드폰 디자인으로 서로 소송하고 싸운 적이 있다. 이때 소송을 한 주체가 피와 살이 있는 사람이 아닌 법인이다. 법적으로 하나의 명의로 보기 때문에 그 자체로 소송 및 고발을 할 수도 있다. 즉, 명의로 인해 세금과 대출규제에서 비교적 자유롭고 싶다면 법인을 설립하여 그 법인으로 부동산 투자를 하는 것을 추천한다. 다만, 최근엔 법인도 규제가 있어 쉽지는 않은 상황이다.

부장님보다 돈 잘 버는 직장인의 부동산 투자

	개인사업자	법인사업자
설립절차 및 비용	관할 구청의 인허가(인허가가 필요한 사업인 경우)를 받고 세무서에 사업자등록 신청	• 법원에 설립등기를 해야하며, 등록세/채권매입비용 등 설립비용 필요함 • 보통 절차가 복잡해 법무사를 통해 업무대리
자금조달 및 이익분배	자본조달에는 한계가 있으니, 사업에서 발생한 이익을 사용하는데는 제약이 없음	• 주주를 통해 자금을 조달하므로 여러 사람을 통해 자금 조달이 가능 • 자본금 입금 후 배당 등의 형태로만 인출 가능
사업의 책임성 및 신뢰도	사업상 발생하는 모든 문제, 부채, 손실에 대해 사업주에게 전적으로 책임	• 법인의 주주는 출자한 지분 한도내에서만 책임 • 개인사업자에 비해 신뢰도가 높음
지속성	대표자가 바뀌는 경우 폐업 이후 다시 사업자 등록을 내야하므로 계속성에 한계	• 대표자가 변경되더라도 법인은 그대로 존속되므로 계속성 보장
기타	소규모 사업자의 경우 간단하게 세무신고 가능하고, 사업자의 변동사항에 대해 세무서 등에 신고만으로 처리 가능	• 복식부기의무가 있으므로 세무회계 능력 필요 • 법인 관련 변동사항에 대해 등기 필요

	개인사업자(소득세)	법인사업자(법인세)
세율	- 1200만원 이하: 6% - 4600만원 이하: 15% - 8800만원 이하: 24% - 1억5천만원 이하: 35% - 1억5천만원 초과: 38%	- 2억원 이하: 10% - 200억원 이하: 20% - 200억원 초과: 22%

법인의 단점도 있다. 법인은 결국 자신과 다른 법적 사람이기 때문에 법인이 벌어들인 돈을 개인적으로 사용하기 위해서는 그 법인으로부터 급여를 받거나 배당을 받아야 한다. 이럴 경우 자연인인 자신은 소득세를 내기 때문에 법인을 통한 절세효과가 무산될 수 있다. 따라서 일회성 투자를 할 예정인데 절세하기 위해 법인 설립하는 것은 옳지 않고, 정말 지속적인 사업을 목적으로 부동산 매매 및 임대업을 할 예정이라면 법인을 설립하는 것이 좋다. 이 경우 법인의 자산이 많아지면 급여를 받아도 좋고, 사업목적으로 법인카드를 사용하면서 자금을 활용할 수도 있다.

간혹 사업자와 주택임대사업자를 혼동하기도 하는데, 개인사업자와 법인사업자는 투자를 하는 주체의 관점이고, 주택임대사업자는 부동산 물건에 대한 관점이다. 즉 내가 2개의 아파트를 가지고 있다고 가정했을 때, 1개는 주택임대사업자 아파트로 등록하고 나머지 하나는 하지 않아도 되는 것이다. 주택임대사업자를 등록한 주택에 대해서는 각종 세금 혜택이 주어지나, 의무보유기간이 있고 임대료를 시세대로 올리지 못하는 등의 단점도 있어 전략적으로 판단할 필요가 있다.

만약 자신이 팔고 싶을 때 팔아야 하는 물건이라면 세금 혜택을 못 받더라도 등록하지 않는 것이 좋고, 무조건 장기보유 예정이라면 등록하는 것이 좋다. 이 역시 최근에는 규제가 강화되어 녹록지 않은 상황이지만, 주택임대사업자는 국가에서 할 일을 민간(개인)이 주택임대시장에서 공급을 원활하게 하도록 공식적으로 만든 제도이다.

내 개인적인 의견은 등록하지 않는 것을 추천한다. 국가에서 제공하는 혜택을 누리기 위해서는 그 이상의 대가가 있기 때문인데, 혜택

부장님보다 돈 잘 버는 직장인의 부동산 투자

을 누리기보다는 의사결정을 함에 있어 누군가의 간섭을 받지 않는 편이 더 낫다고 생각하기 때문이다. 이는 각자 투자성향에 맞게 선택하면 되며, 개인이든 사업자이든 주택임대사업자는 그 물건에 등록하는 것이기 때문에 혼동하지 않도록 하자.

	법인	개인
주택임대사업자 등록	주택임대사업자 등록한 부동산의 소유자가 법인	주택임대사업자 등록한 부동산의 소유자가 개인
주택임대사업자 미등록	주택임대사업자 등록하지 않은 부동산의 소유자가 법인	주택임대사업자 등록하지 않은 부동산의 소유자가 개인

명의에 따른 규제와 각각의 장단점을 세부적으로 알기 위해서는 별도의 자료를 찾아보거나 세무사와 상담해야 한다. 책의 내용은 투자를 할 때 '누가'의 측면에서 이런 관점이 있다는 것을 소개한 것이며, 이와 관련하여 결정을 할 때는 더 많은 공부가 필요하다.

아울러 시장상황과 정부 규제에 따라 세부내용은 수시로 바뀌기도 한다. 따라서 시장과 정부 정책에 대한 지속적인 관심도 필요하다. 부동산은 일단 그 명의로 매입을 하고 등기부등본이 나오면 번복하기가 어렵다. 다른 명의로 바꾸는 것은 가능하나, 바꾸는 데는 취득세, 등기비용 등 부대비용이 발생하고, 만약 무주택자 신분을 유지해야 하는 상황이라면 특히 신중해야 한다. 첫 투자를 일단 내 명의로 사 놓고 고민하지 말고, 좀 더 계획적이고 전략적으로 고민한 후 명의를 사용하기 바란다.

무엇을
아파트vs빌라, 신축vs구축

부동산의 생애에서 투자할 수 있는 종목의 종류는 앞에서 알아봤다. 그렇다면 어떤 부동산을 사야 할지 고민할 필요가 있다.

나는 우선 자신이 실제 거주할 집을 마련하기를 추천한다. 이를 추천하는 이유는 자연스럽게 부동산 투자에 입문할 수 있으며, 부동산 계약 경험과 부동산 시세에 대한 관심 등 투자 마인드를 키울 수 있기 때문이다. 본인이 만약 아직 무주택자인데 이런 마인드를 가지고 있다면, 청약점수를 계속 쌓아가면서 다른 명의를 활용하거나 비주택 부동산 종목에 투자하면서 자산을 키우라고 조언하고 싶지만, 이는 보통사람이라면 쉽지 않은 길이다. 따라서 자신이 실거주할 주택을 먼저 마련하기를 추천한다.

그렇다면 무엇을 사야 할지 조금 고민이 덜어질 것이다. 지역은 자신의 직장위치, 교통 등을 고려해서 선정하면 되고, 자금 사정에 따라 아파트, 다세대 빌라, 오피스텔, 단독주택 중 하나를 택하면 된다. 다만 여기서 오피스텔은 가급적 추천하지 않는다. 교통과 편의시설 측면에서 유리할 수 있으나, 어쨌든 주택은 아니라서 거주환경이 다소 불편하고 대지지분이 적기 때문에 기본적으로 시세 상승이 더딜 수밖에 없다. 앞서 설명한 대로 지가는 오르지만 건물은 노후화되기 때문에 가급적 대지지분이 많은 주택을 선택하는 것이 좋다.

이제 투자자의 관점에서 무엇을 살지 고민해야 한다. 언제 어디에 사야 하는지는 다음 장에서 설명할 예정이다. 무엇을 사야 할지만 생각해보자면, 자금의 여유가 있으면 아파트에 투자하고, 부족하면 빌라에 투자하면 된다. 자금 여유가 되면 신축을 사면 되고, 부족하면 구축을 사면 된다.

신축 아파트보다 더 신축이 있는데 그것이 바로 분양권이다. 청약통장을 활용해 분양받은 사람의 권리를 프리미엄이라고 하는 웃돈을 주고 사는 것이다. 만약 분양가가 5억에 프리미엄이 1억이라고 하면 6억을 주고 사는 것이다. 물론 실제 투자되는 금액이 6억은 아니다. 중도금 대출을 승계받거나 하면 계약금에 프리미엄 정도의 금액으로 예비 신축 아파트를 살 수 있다. 신축 아파트에 입주하려면 기다려야 한다는 단점이 있기 때문에 당연히 완공된 이후보다 저렴할 수밖에 없다. 물론 이 아파트에 대한 수요가 충분하다는 전제하에 가능한 일이다.

수요가 부족해서 미분양이 났다면 시장 논리상 사면 안 되겠지만, 진정한 투자자라면 청약통장 없이 분양권을 얻을 기회이므로 이렇게 분양을 받기도 한다. 여하튼 동일한 조건일 때 분양권보다는 신축 아파트가 바로 입주할 수 있다는 시기적인 프리미엄이 있기 때문에 으레 더 비싸다. 그런 만큼 분양권 투자를 통해 상대적으로 적은 투자금으로 예비 신축 아파트를 매입하는 것도 방법이다. 특히 분양권은 실제 눈에 보이는 부동산이 아닌 권리를 사고파는 것이므로 취득세를 내지 않는다는 이점이 있다.

분양권과 비슷한 권리 중 입주권이라는 권리가 있다. 신도시처럼 빈 땅에 아파트를 지었다면 전 세대 분양을 하겠지만, 구도심의 오래된 집을 허물어 아파트를 짓는다면, 원래 살던 주민들에겐 새 아파트에 입주할 수 있는 입주권을 준다. 물론 기존 집의 감정가에 추가로 자금을 부담해야 하지만 어쨌든 입주할 권리는 가장 먼저 주어진다. 이때 원주민의 여러 사정에 따라 이런 입주권이 거래되기도 한다. 당연히 프리미엄이 붙는다. 이런 권리에도 다양한 규제와 조건들이 있기 때문에 투자를 하려면 미리 충분한 공부를 해야 한다.

만약 돈이 없는데 새 아파트를 사고 싶다면 재개발이 될 만한 지역의 오래된 빌라를 사는 방법이 있다. 재개발 계획이 없는 오래된 빌라는 당연히 저렴할 수밖에 없고, 이런 빌라를 매입한 후 십수 년을 기다리는 것도 방법의 하나다. 그나마 임대를 주고 기다리면 다행인데, 자신이 그 집에 거주하면서 새 아파트가 되기를 기다리고 있는 것은 추천하지 않는다. 정말 운이 좋게 그 빌라를 산 다음 날 재개발 기본계획이 수립된다면 다행이지만, 그렇다 하더라도 새 아파트가 지어질 때까지 수많은 난관이 있고, 난관을 다 넘어간다 하더라도 최소 수년은 걸릴 것이다. 누군가는 이런 방법으로 새 아파트에 입주하겠지만, 살다 보니 새 아파트가 된 것과 새 아파트를 사기 위해 기다리는 것은 엄연히 다르다. 결국 시간이 돈인 것이다.

당장 새 아파트에 가고 싶다면 그만큼 시간을 버텨온 사람에게 그만큼의 돈을 주고 사서 들어가면 된다. 재개발이 아닌 재건축은 그나마 상황이 낫다. 재개발은 오래된 빌라와 다가구인 상태에서 아예 개발이 안 될 수도 있지만, 이미 개발이 된 아파트는 노후화되면 언젠가는 재건축이 되기 때문이다. 따라서 입지는 좋은데 아주 오래된 아파트를 재건축할 때까지 장기 보유하는 것도 나쁘지는 않다. 하지만 이 또한 오랜 시간이 걸리는 만큼 경제적, 시간적 여유가 있을 때 하면 좋다.

돈도 없고 시간도 없다면 그냥 20년 내외의 구축 아파트에 투자하는 것도 방법이다. 구축은 신축에 비해 당연히 시세가 약하지만 부동산은 지역성이라는 특징이 있어서 그 지역의 신축 아파트 가격이 올라가면 구축도 따라 오르게 되어있다. 아파트의 수명을 40년이라고 본다면 아직 수명이 20년이나 남아있기 때문에 재건축을 바라보긴 어렵지만 시세차익을 바라보기엔 충분한 시간이다.

만약 아파트 살 돈이 없는데 투자가 하고 싶다면 신축빌라를 매입해서 시세차익을 누리는 방법도 있다. 물론 아파트보다 수익이 크진 않지만 그만큼 전세가율이 높아 투자금도 적게 들어가기 때문에 부지런히 투자를 한다면 수익을 창출하는 데 무리는 없다. 다만 투자할 때 아파트보다 입지에 더 신경을 써야 한다. 아파트보다는 수요가 적기 때문에 역세권이나 학군, 직주근접 등을 고려하지 않고 매입하면 나중에 매도가 어려울 수도 있다. 주변에 신축빌라를 전문적으로 투자하는 사람도 있고, 신축빌라 투자에 관한 책도 시중에 나온 게 제법 많다.

마지막은 노후 빌라이다. 앞서 말한 재개발 계획이 있거나 재개발을 기대하고 투자하는 노후 빌라가 아닌 그냥 노후 빌라를 말하는 것이다. 노후 빌라의 가장 큰 장점은 투자금액이 적다는 점이다. 신축빌라의 전세가가 높기 때문에 오히려 신축빌라 투자금이 더 적게 든다고 생각하는 경우도 있지만, 이는 신축 초기에 전세가를 높게 잡아 세입자를 입주시켜 투자금을 최소화하여 분양하려는 일부 업자들의 작업일 수 있으니 조심해야 한다. 여하튼 노후빌라는 수요가 적은 만큼 매도가 어려울 수 있어 자칫 잘못 샀다가는 명의와 돈이 묶이는 경우가 발생할 수 있다. 하지만 이런 빌라를 전문적으로 투자하는 사람도 있다.

나도 한때는 이런 종목에 주로 투자를 했다. 수요가 적은 만큼 경매 등을 통해 저렴하게 매입할 수 있고, 리모델링을 통해 가치를 높여 비싸게 매도하거나 임대할 수 있는 장점이 있었기 때문이다. 이럴 경우 오히려 투자금이 묶이는 것이 아니고 투자금이 더 생기기도 한다.

가령 나는 9천만원에 빌라를 매입 후 수리해서 1억2천만원에 전세 세입자를 들였다. 단순 계산으로 3천만원의 투자금이 생긴 것이다. 이 빌라는 최근에 1억3천에 매도해서 추가로 1천만원의 수익을 얻었다. 게다가 법인 명의로 매입했기 때문에 내 개인명의도 지키고, 양도세 대신 법인세를 내면서 절세도 할 수 있었다.

노후화한 만큼 시세파악도 여의치 않아 접근하기가 쉽지는 않지만 조금만 관심을 가진다면 적은 투자금액으로 충분히 수익을 볼 수 있어 돈이 부족한 초보 투자자의 입문 종목으로 추천한다.

이 외에도 상업용 부동산, 다가구, 토지 등 다양한 종목들이 있지만, 이 책의 독자를 부동산 투자 초보에 맞춘 만큼 주거용 부동산 중에서도 아파트와 빌라에 대해서만 설명했다. 특히 실거주 목적으로 부동산을 매입하면서 조금씩 투자에 대한 관심과 마인드가 커지는 만큼 주거용 부동산에 먼저 투자를 하면서 이를 키워 다른 종목에 도전하는 것을 추천한다. 그런 측면에서 다음에 나오는 '언제, 어디에' 부분은 아파트를 기준으로 설명한다.

언제
타이밍을 잡는 5가지 지표

　앞서 말한 대로 '언제'는 그 대상을 아파트로 한다.

　아파트를 언제 살지에 대한 정답은 지금 당장이다. 물론 저축을 통한 투자금 마련과 공부를 통한 실력과 마인드가 갖춰진 상태를 전제로 말하는 것이며, 준비가 되었다면 지금 사는 것이 정답이다. 특히, 실거주할 집이라면 더욱 그렇다.

　투자 목적이라면 그 부동산의 시세가 올라야 하겠지만, 실거주라면 소비재 목적도 있으므로 혹시 시세가 떨어진다 하더라도 계속 거주하면 그만이다. 물가는 상승하기 때문에 부동산을 포함한 재화의 가치는 장기적으로 보면 상승하게 되어있다. 매입하고 유지할 수 있는 여력만 된다면 오래 보유하고 있는 것이 수익을 낼 확률을 높이는 것이다. 하지만 이왕이면 시세가 오를 타이밍에 매수하면 더 좋으므로, 그 타이밍이 언제인지를 알아내고 예측할 필요가 있다.

타이밍 예측에 앞서, 왜 아파트를 기준으로 설명하는지 얘기할 필요가 있다. 부동산 투자 초보인 독자를 감안한 점도 있지만, 무엇보다 아파트가 정형화라는 특징이 있기 때문이다. 빌라는 그 종류, 크기, 컨디션 등 개별성이 강하기 때문에 서울의 빌라와 부산의 빌라를 비교하기가 어렵다. 하지만 아파트는 비교적 정형화된 건축물로 개별성이 상대적으로 낮다. 즉, 서울의 24평 자이 아파트와 부산의 24평 자이 아파트를 건축물 자체만 봤을 때는 큰 차이가 없으므로 지역이나 시기에 대한 비교를 할 때 지표로 활용할 수 있다.

이를 과장하여 얘기하면 전국의 모든 아파트가 하나같이 같은 건축물이라고 할 수 있으며, 이 말은 아파트가 곧 화폐의 역할을 한다는 것이다. 서울의 천원과 부산의 천원이 같은 액면가의 종이인데, 지역과 시기에 따라 가치가 달라질 수 있다는 것이고, 이는 아파트를 통해 전국 부동산 시장에 대한 동향을 데이터화 할 수 있다는 뜻이다.

KB국민은행에서 주 1회 전국 아파트 시세 데이터를 토대로 보고서를 내놓고 있는데, 부동산 시장에서는 KB시세를 아파트 시세의 기준으로 삼기도 한다. 전국 아파트 시세에 대한 데이터가 축적되어 있다는 말은 우리가 오르는 타이밍과 내려갈 타이밍을 예측하기 위해서 점쟁이한테 가지 않아도 된다는 뜻이다. 데이터만으로 충분히 예측 가능하며 이런 데이터를 차트로 표현하여 분석한 후 투자 타이밍을 잡는 것이 대표적인 방법이다. 데이터와 차트를 통해 투자 타이밍을 잡는 것은 아파트이기 때문에 가능하지, 상가나 빌라 등 다른 종목은 무조건 경험과 발품이 동반되어야 한다.

이런 이유로 아파트가 가장 쉬운 종목이라고 생각할 수 있지만, 그만큼 투자자가 많은 분야라 경쟁이 치열하고, 시세정보에 대한 접근이 쉬워 남보다 저렴하게 매입하기가 어렵다. 아울러 차트 분석하는 기술만 있다면 누구나 투자 타이밍을 예측할 수 있기 때문에 노력과 발품이 덜 드는 만큼 수익을 내기 위해서는 남보다 반발 빠르게 과감한 결단을 내릴 필요가 있다. 이런 점 때문에 아파트는 보지도 않고 전화로 계약하는 경우도 많다. 어차피 아파트 건축물의 개별성이 약하기 때문에 그 지역의 타이밍만 보고 멀리서도 전화로 계약하고 계약금을 계좌이체 하는 것이다.

그렇다면 어떤 지표의 데이터를 분석하고 투자 타이밍을 예측할 수 있을까? 워낙 다양한 지표가 있고, 투자자 각자의 관점에 따라 분석을 한 후 저마다의 기준으로 투자 타이밍을 잡기 때문에 여기서는 지표에 대한 소개 정도만 한다. 그 지표를 분석해서 투자 타이밍을 잡는 기술은 별도 강의를 듣는 것을 추천한다.

나는 크게 5가지 지표나 현상을 참고하면 큰 실패는 하지 않을 것이라고 생각한다. 5가지는 바로 청약경쟁률, 미분양, 공급, 거래량, 전세가격이다.

청약경쟁률은 아파트투유 사이트에서 확인할 수 있다. 최근 분양한 아파트의 청약경쟁률을 봤을 때 경쟁률이 높을수록 그 지역의 새 아파트를 사려는 사람들의 수요가 풍부하다는 뜻이다. 청약이 끝난 이후에도 그 수요는 유효하므로 분양권을 사려는 사람이 많을 것이고, 그렇다면 분양가에 프리미엄이 붙는다. 결국은 그 가격이 아파트 입주 시 매매가가 될 것이다. 그렇다면 자연스럽게 신축 아파트의 가격이 오를 것이고, 그 주변 구축 아파트나 재건축을 앞둔 아파트의 가격도 올라갈 것이다. 따라서 청약경쟁률만 보더라도 그 지역의 시세 변화를 예측할 수 있다.

만약 미분양이 났다면 그 반대이다. 미분양 정보는 국토교통부 사이트에서 미분양 검색을 통해 확인할 수 있다. 미분양이란 가령 그 지역에 100채의 아파트를 공급했는데 사겠다는 사람이 80명밖에 되지 않아 20채를 분양하지 못했다는 뜻이다. 앞서 무엇을 사야 하는지에 대해 얘기했다. 사람이라면 누구나 신축 아파트를 좋아하는데, 새로 지은 아파트를 분양하는데 사겠다는 사람이 없다는 것은 구축 아파트를 포함해서 수요보다 공급이 많다는 뜻이다.

상식적으로 판단해도 이 지역은 투자 타이밍이 아니라는 것을 알 수 있다. 다만, 요즘은 워낙 부동산 시장이 빠르게 변화하고 지역 불문하고 신축 아파트 공급이 적다 보니 웬만한 새 아파트는 다 분양이 된다. 그리고 미분양 아파트의 경우도 언젠가는 분양이 끝나고, 지역에 따라 청약통장으로 분양받기가 워낙 어렵기 때문에 미분양일 때 경쟁 없이 미리 '줍줍' 해 놓는 것도 나쁘지 않다.

빌라나 다가구의 공급량은 수치로 알기가 어렵고, 예상하는 것은 불가능에 가깝다. 하지만 아파트는 입주물량을 데이터로 정확히 알 수 있고, 심지어 예상까지 가능하다. 통상 아파트 건설 기간이 2년~3년인 점을 감안하면 분양 후 2~3년 뒤에 입주물량이 발생하는 것을 알 수 있다. 요즘 이런 데이터를 보여주는 앱이 많이 나와 있고, 국토부 사이트에서도 확인이 가능하므로 조금만 손품을 팔고 각자의 입맛에 맞게 데이터를 정리해 놓는다면 공급물량을 알 수 있다.

부동산 시장에는 "공급 앞에 장사 없다"는 말이 있다. 아무리 좋은

부장님보다 돈 잘 버는 직장인의 부동산 투자

지역, 좋은 입지라도 새 아파트가 쏟아지면 당장은 큰 타격을 받는다. 실거주 목적으로 분양받은 사람도 있겠지만, 임대 놓으려는 사람도 많기 때문에 입주물량이 많아지면 전세가가 내려간다. 하지만 2년 뒤에도 계속 그 가격일지는 주변에 추가로 공급되는 아파트가 있는지에 따라 달렸다. 공급량이 적으면 전세가가 오르고, 전세가가 오르면 매매가도 상승한다.

서울의 경우 2003년부터 2008년까지 아파트 공급이 많았다. 물론 리먼 사태 영향이 있었지만, 2008년부터 서울 아파트 가격이 하락하기 시작했다. 하지만 2009년부터 공급이 확연히 줄기 시작했고, 2012년부터는 공급물량이 전부 소화되고 꾸준히 수요가 많아지면서 지속적으로 아파트 가격이 오르고 있다. 공급량 하나만으로 아파트 상승과 하락이 결정되는 것은 아니지만, 분명 큰 영향을 주는 것임엔 틀림없다.

요즘 아파트 실거래가를 거의 실시간으로 알려주는 앱이 있다. 사람은 팔 때는 가장 비싸게 팔고 싶고, 살 때는 가장 싸게 사고 싶은 심리가 있다. 가령 집을 팔려고 하는데 최근 자신의 아파트 단지에서 가장 비싸게 팔린 시세가 7억이라고 하자. 그럼 그 사람이 과연 7억 이하로 팔까? 정말 급하지 않은 이상 7억 이하로 팔진 않을 것이다. 자본주의에서 모든 것은 상대평가이기 때문에 내가 5억에 사서 6억에 팔아 1억의 차익을 남긴다 해도, 7억에 판 남보다 싸게 팔았으면 손해 본 것이다.

따라서 거래량이 많아질수록 가격이 상승할 확률이 높다. 모두가 7억 이하로는 안 팔 것이며, 꼭 필요한 사람이라면 7억 이상을 주고 살 것이기 때문이다. 반면 거래량이 없다면 떨어질 것이다. 7억에 내놓아도 아무도 사지 않고 몇 달이 지난다면 싸게 내놓고 먼저 팔려고 하는 사람이 한둘 생기기 마련이기 때문이다. 만약 부동산 매매 성수기(10월~2월)임에도 거래가 되지 않고 매물이 많이 나와 있다면 수요가 부족한 것이니 참고할 필요가 있다.

구분	매매가 상승	매매가 하락 또는 정체
전세가 상승	매수	관망
전세가 하락 또는 정체	매도	과거 데이터 보기

마지막으로 확인할 지표는 전세가이다. 매매가와 전세가의 변동에 따라 4개로 구분해봤다.

매매, 전세가 모두 오를 때는 매수하는 것이 좋다. 물론 추격매수는 안 된다.

투자자라면 지속적으로 시장에 관심을 가지고 모니터링한다는 전제가 있어야 한다. 따라서 이미 많이 올랐는데 사는 것이 아니라 상승하는 시기에 매수해야 한다. 전세가가 매매가를 밀어 올리는 전형적인 모습으로, 공급이 부족하고 실수요가 많을 때 나타난다.

매매가는 상승하는데 전세가가 하락하거나 정체된다면 매도 타이밍이다. 통상 공급이 많아지면 전세가가 내려가지만, 그 지역이 좋아질 것이라는 기대심리가 있어 매매가는 오르는 경우가 있다. 전형적으로 거품이 끼는 단계로 이때는 매도하는 것이 좋다.

매매가는 하락 또는 정체인데 전세가가 상승할 때는 조금 지켜보는 것이 좋다. 만약 이 상태에서 매매가도 같이 오르기 시작하면 매수하면 되지만 계속 정체된다면 관망해야 한다. 투자자 입장에서 결국 수익을 주는 것은 전세가가 아닌 매매가이기 때문이다. 전세가가 올라도 매매가가 계속 떨어지거나 정체될 수 있으므로 이런 지역은 계속 관망하다가 매매가가 어느 정도 오르는 것을 확인하고 들어가도 늦지 않다.

매매가는 하락 또는 정체인데 전세가 역시 하락 또는 정체일 때는 과거의 데이터를 봐야 한다. 부동산을 포함한 모든 재화는 물가상승을 하므로 과거 오랜 시간 가격이 정체되어 있었다면 시세가 저평가되어 있을 확률이 있다. 이런 지역 역시 지속적으로 관찰할 필요가 있다. 실제 대전의 경우 12년부터 정체기였는데 19년 들어 시세가 꽤 많이 올랐다. 내 지인도 데이터를 확인한 후 당시 대전에 4채의 아파트를 매입하면서 꽤 큰 시세차익을 남겼다.

지금까지 설명한 5가지 지표 외에도 아파트 시세를 예측할 수 있는 많은 지표들이 있다. 한 예로 그 지역의 인구수, 평균연령, 전입·전출 등 지역의 지표자료도 있는데, 어떤 투자자는 이런 지역에 대한 지표를 가지고 투자 타이밍을 결정하기도 한다.

또한 앞서 말한 주간 KB주택시장동향 분석자료가 있는데, 자료가 방대하고 다양한 관점의 지표가 많아 이를 활용하면 보다 세밀하게 분석할 수 있다. 예를 들어 이 보고서에는 시장조사를 통해 측정한 매도세와 매수세가 있다. 매도세가 큰 것은 시장에서 부동산을 매도하려는 경향이 강하다는 뜻이고 매수세는 그 반대인 경우이다.

KB에서 나름의 조사 방법을 통해 매주 일정하게 이 지표를 발표한다. 매도세와 매수세가 서로 마주칠 때 거래가 많을 것이고, 거래량이 많아진다는 것은 가격이 오를 것이라고 예측할 수 있다. 어떤 투자자는 매도세와 매수세가 서로 붙기 시작하면 매수를 하기도 한다. 앞서 언급한 지인의 경우 대전을 지켜보다가 아래 지표를 보고 투자했다.

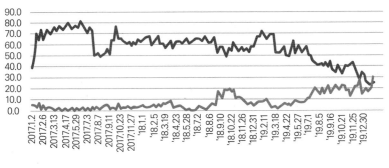

대한민국이 작은 것 같지만, 막상 규제가 많은 서울을 피해 아파트에 투자하려고 하면 자신이 사는 동네 외에는 전혀 감이 잡히지 않을 만큼 넓다. 그렇다고 전국을 '임장' 하면서 대동여지도를 그릴 수도 없는 노릇이다. KB 자료를 포함하여 최대한 많은 자료를 분석하다 보면 어떤 지역에 어떤 타이밍에 들어가야 할지 알 수 있는데, 각 지역의 대장 아파트를 미리 골라 놓고, 그 지역의 매수 타이밍이 됐을 때 집도 보지 않고 전화로 계약하고 계좌이체 해야 돈을 벌 수 있다.

너무 어렵다면 자신이 잘 안다거나 거주하는 동네가 투자에 적합한 타이밍인지를 먼저 분석하는 연습을 해보길 바란다. 물론 효율적으로 돈을 벌기 위해 전국을 무대로 분석하면 좋겠지만, 심리적으로 가까운 곳에 투자하면서 조금의 수익만 내도 나쁘지는 않다. 이렇게 자신감을 얻어 조금씩 무대를 넓혀가는 것도 방법이다.

어디에
지역과 입지

부동산 투자의 실행력을 가로막는 가장 큰 요인 중 하나가 바로 시세하락 우려이다. 이와 같은 우려에 결정적인 요소가 빠져 있는데 바로 '어느 지역의 시세하락'인지를 빼놓고 우려부터 한다는 것이다.

98년도와 08년도에 큰 경제위기를 겪으면서 대한민국 부동산 전체가 바닥을 친 적이 있다. 만약 또다시 이런 위기가 온다면 지역을 논하는 것이 의미 없겠지만, 이처럼 대한민국 전체에 파급을 주는 위기가 아니라면 부동산 투자에서 '어느 지역의 시세'라는 것을 빠뜨려서는 안 된다.

앞서 말했듯 자본주의는 상대적이기 때문에 모두에게 적용되는 위기라도 자신은 버틸 수 있다면 위기가 아니다. 자신만 위기일 때는 위기이지만, 다 같이 위기인데 자신은 버틸 수 있다면 오히려 이는 기회이다. 이를 위해선 책의 서두에서 언급했듯 수익률과 자신의 소득 등을 판단해서 레버리지를 활용하는 것이 좋다.

나는 부동산에 100% 투자하라고 주장하는 것은 아니다. 현재 자신의 시간적 자유를 얻기 위해, 급여만큼의 월세를 받기 위해 일단 부동산 투자를 하라는 것이다. 시간적 자유를 얻은 뒤에는 경제위기에 대비해서 금과 달러 등 다양한 자산에 분산 투자하는 것이 바람직하다고 생각한다. 따라서 당장 경제위기나 북한과의 전쟁을 걱정하며 투자를 망설이기보다는 일단 실행하고 투자함으로써 시간으로부터 자유로워진 이후에 그런 걱정을 해도 늦지 않다. 여하튼 대한민국 전체에 파급되는 위기가 아니라고 한다면, 시세가 오를 지역이나 오를 것으로 예상되는 지역에 투자하면 되는 것이다.

앞에서 어떤 타이밍에 투자해야 하는지 알아봤다. 그 타이밍을 확인하는 분석작업을 지역별로 한 후에 시세상승 시그널이 오는 지역에 투자하면 된다. 지적한 대로 초보가 가장 흔히 저지르는 오류가 바로 '지역'에 대한 요소를 빠뜨리고 걱정하는 것이다. 샀는데 떨어지면 어떡하냐는 말을 입에 달고 산다. 마치 1998년과 2008년처럼 대한민국 부동산이 하나의 그래프처럼 똑같이 오르고 내린다고 생각할 수 있지만, 이런 상승과 하락에 대한 그래프는 지역별로 전부 다르다. 따라서 지역별로 투자 타이밍에 대한 그래프와 차트를 나눠보는 것이 중요하다.

통상 지역과 입지로 구분해서 생각할 수 있는데, 지역이란 도, 시, 구 단위를 말하며 그 지역의 호재나 이슈, 인구변동, 지자체의 국토교통 정책 등으로 판단하는 범위이다. 입지는 그보다 작은 동, 필지 단위이며 역세권, 초등학교 접근성, 녹지 및 상권 접근성 등으로 판단하는 범위로 통상 그 지역에서 가장 좋은 곳에 위치한 아파트를 대장아파트라고 한다. 한 지역 내에서 가장 좋은 입지를 찾는 작업을 지역분석이라고 한다. 가령 대전시를 분석한다면 동 단위로 인구와 연령층을 비교해서 어떤 동이 가장 젊고 활기찬지 파악할 수 있고, 그 동에서 어떤 아파트가 신축인지, 그 동네에서 가장 선호하는 아파트는 어디인지 등 지역분석을 통해 대장아파트를 미리 찾아 놓는 것이 좋다.

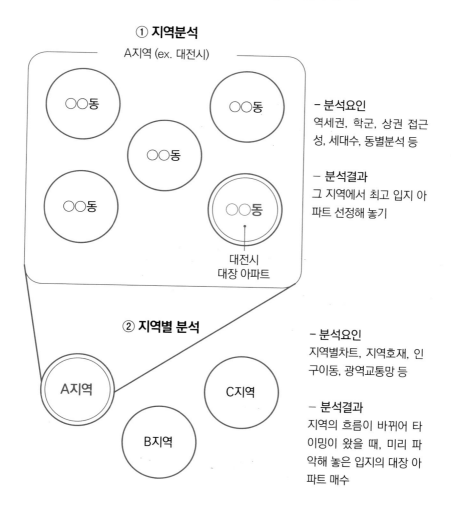

① 지역분석

A지역 (ex. 대전시)

○○동

○○동

○○동

○○동

○○동

대전시
대장 아파트

- 분석요인
역세권, 학군, 상권 접근성, 세대수, 동별분석 등

- 분석결과
그 지역에서 최고 입지 아파트 선정해 놓기

② 지역별 분석

A지역

B지역

C지역

- 분석요인
지역별차트, 지역호재, 인구이동, 광역교통망 등

- 분석결과
지역의 흐름이 바뀌어 타이밍이 왔을 때, 미리 파악해 놓은 입지의 대장 아파트 매수

다시 돌아와서 투자 타이밍을 지역별로 분석하고, 지표를 봤더니 대전시에 상승 시그널이 왔다면 대전시 지역분석을 통해 미리 알아 놨던 대장아파트를 매수하는 식으로 투자하는 것이다. 자신이 살고 있는 동네는 익숙하고 잘 알기 때문에 자기 동네에 무슨 호재가 있다면 어떤 아파트를 사야 할지 대략 감이 오지만, 저 멀리 지방이나 다른 지역은 당연히 잘 모른다. 따라서 생소한 지역의 입지분석을 미리 해놓고 대장아파트를 찾아 놓는 것이다.

이런 작업이 어렵다고 해서 자기 또는 자신이 사는 동네에 호재나 시그널이 올 때까지 기다리는 것은 감나무 밑에서 입 벌리고 감 떨어지길 기다리는 것과 같다. 제일 좋은 임장과 분석은 직접 살아보는 것이다. 내가 아는 어떤 사람은 서울 투자만 고집하는데, 1년에 한번씩 구를 옮겨 이사하면서 직접 산다. 그 구에 직접 살아보고 느끼면서 분석하는 것인데, 특별한 경우이니 굳이 따라 할 필요는 없다.

이처럼 전국 지역별로 1년씩 전부 살아보는 것은 현실적으로 불가능하므로 데이터나 자료를 토대로 각 지역을 미리 분석하고 업데이트하는 작업이 매우 중요하다. 직접 살아보고 느끼는 감까지는 아니겠지만, 데이터를 통해 대장 아파트를 미리 알아 놓고, 그 지역에 투자 타이밍이 왔을 때 과감하게 남보다 반 발 먼저 매수할 수 있는지가 관건인 것이다. 요즘엔 부동산 전문가나 강사들도 많고, 투자자 중에서도 직접 분석을 통해 판단하는 고수들이 많아져서 어떤 지역이 뜬다고 하면 금방 소문이 나곤 한다. 하지만 남들이 한다고 따라서 매수하는 것은 한두 번은 성공할 수 있어도 지속적으로 성공하긴 어렵다. 자신이 직접 공부하고 판단해서 실행하는 것이 다소 느리더라도 더 안전하다.

부장님보다 돈 잘 버는 직장인의 부동산 투자

'언제'와 '어디에'에 대해서는 아파트를 전제로 설명을 했다. 이는 데이터를 통해 판단할 수 있는 영역이기 때문에 아파트라는 종목에 한정했으며, 언뜻 아파트가 가장 쉬운 투자종목 같지만 어찌 보면 가장 어려운 종목이기도 하다. 하지만 자신이 시장을 보는 눈을 키우고, 정부정책이나 시장동향에 꾸준히 관심을 가지고 있다면 아파트처럼 쉽고 수익이 많이 나는 종목도 없다. 아파트는 특성상 임대도 쉽고, 수요도 꾸준해서 매도도 수월하다. 따라서 잘만 고른다면 돈이 묶이지 않고 지속적으로 수익을 낼 수 있는 영역이다.

어떻게
투자의 접근법

　부동산 투자방법은 두 가지로 나눌 수 있다. 투자 대상은 부동산 외에도 주식, 채권, 금, 달러, 원유 등 다양한 것들이 있지만 부동산을 제외한 다른 투자처는 자신의 노력으로 그 가치를 상승시키거나, 동일한 타이밍에 남보다 저렴한 가격으로 매입하는 게 불가능에 가깝다. 대부분 그 순간의 정해진 시세에 매입해서 다가올 미래에 변동되는 가치의 폭을 매도라는 행위를 통해 수익을 실현하는 방법이 대부분이기 때문이다. 부동산도 이와 같은 방법으로 투자할 수도 있지만, 자신의 노력을 통해 시세보다 저렴하게 매입하거나, 가치를 부여하여 시세를 올리는 방법이 있다.

가치투자는 다른 투자종목과 마찬가지로, 매입을 해서 향후 그 자산의 가치가 상승했을 때 매도함으로써 수익을 실현하는 투자방법이다. 즉, 다가올 미래에 그 자산의 가치가 상승할 것이라는 예측과 기대를 가지고 매입을 하는 방식이다. 이 투자방법의 핵심은 예측이다. 점쟁이가 아닌 이상 미래를 예측할 수 없으므로 투자자라면 다른 현상과 데이터를 통해 최대한 객관적이면서 이성적으로 예측하고 투자를 해야 한다.

부동산 종목 중에 데이터를 통해 예측할 수 있는 대표적인 종목이 바로 아파트이다. 앞서 설명한 대로 아파트는 정부정책, 공급과 수요, 차트 등을 통해 예측이 비교적 수월하다. 더불어 교통망, 지역호재 등 여러 가지 변수까지 고려해서 투자하면 더 정확한 예측을 할 수 있다. 따라서 이 투자는 대부분 전세제도를 활용한 아파트 GAP 투자의 방식으로 많이 한다. 다만, 전반적인 시장이 하락기일 때는 지역선정 및 매수 타이밍 측면에서 더 많은 주의를 기울여야 한다. 반면, 시장이 활황일 때는 이보다 더 가성비 좋은 투자방법이 없다.

전세제도라는 무이자 레버리지를 이용할 수 있고, 비교적 접근이 쉽기 때문에 상승기엔 최고의 투자방법이라고 해도 과언이 아니다. 하루가 다르게 롤러코스터를 타는 주식과 달리 부동산은 그 변화의 주기가 상대적으로 길기 때문에 가치투자의 경우 중장기를 바라보고 투자하는 것을 추천한다. 수년에서 수십 년간 부동산을 소유하면서 향후 큰 자산을 형성할 수 있는 이점이 있는 반면 그만큼 시간을 버틸 수 있는 힘도 필요하다.

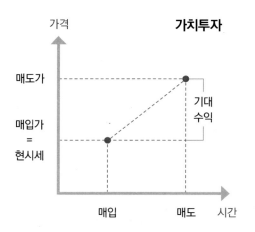

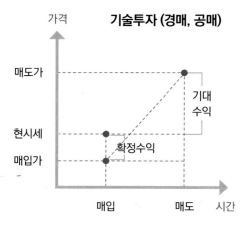

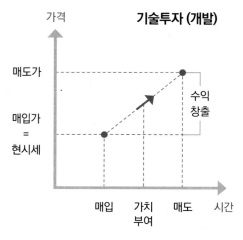

부장님보다 돈 잘 버는 직장인의 부동산 투자

가치투자	기술투자 (경매, 공매)	기술투자 (개발)
미래 가치를 예측 후 투자하는 방식	싸게 사서, 매입 순간 수익이 발생하는 투자방식	가치를 부여하여 수익을 창출하는 투자방식
GAP투자, 주식, 토지, 분양권 등	급매, 경매, 공매	신축, 증축, 리모델링
• 각종 데이터(정부정책, 호재, 차트 등)에 관심을 가지고 지역과 타이밍을 잡아야 함 • 나의 노력으로 시세차익에 미칠 수 있는 영향이 전혀 없음 • 중장기 투자에 적합	• 단기 투자가 가능하며, 시장의 흐름에 크게 영향을 받지 않음 • 정확한 시세파악이 필요함 • 특수 물건에 대한 사전 확인 및 해결 능력이 필요	• 기술만 있다면 지속적인 수익 창출이 가능 • 개발에 대한 지식, 법적 이슈, 실패 사례 등 공부 필요 • 지속적인 트랜드(임대시장, 상권) 파악을 통해 시장 Needs에 맞는 개발 필요

　만약 대출을 받아서 가치투자를 하고 급여소득으로 이자를 감당하고 있는 상황이라면, 자신이 팔고 싶지 않을 때 꼭 팔아야만 하는 상황이 올 수도 있다. 하지만 이미 충분한 현금흐름이 있고 정말 잊어도 될 만한 잉여자금으로 투자했다면 어떤 풍파가 오더라도 그 자산이 충분한 가치를 발휘할 때까지 버틸 수 있다. 따라서 개인적으로 가치투자는 시간적 자유를 얻은 후에 하는 것이 좋다고 생각한다.

　아직 노동소득을 대체할 만한 현금흐름도 없으면서 영혼까지 끌어서 주말마다 지방에 다니면서 GAP 투자를 하는 것은 개인적으로는 반대한다. 많은 이들이 아파트라는 종목이 쉽다고 생각하지만, 쉬운만큼 경쟁이 치열하기 때문에 수익 내기가 어려운 종목이다. 아울러 가치투자 특성상 개인이 자산 가치상승에 기여할 수 있는 부분이 1도

없기 때문에, 전국을 무대로 가치가 오를 만한 지역을 찾아다니면서 투자를 해야 그나마 수익을 낼 수 있다. 만약 직장을 다니면서 근로소득에 의존하면서 이러한 방식으로 한다면 결코 효율적인 투자라고 말하기 어렵다.

그럼에도 불구하도 많은 이들이 종잣돈이 부족하다고 외치면서 투자금을 불리기 위해 GAP 투자를 많이 한다. 전반적인 시장이 상승기일 때 했거나, 서울, 수도권에 투자를 했다면 그나마 다행이지만, 지방 소도시에 투자했다면 투자금은 묶이고 수익도 나지 않으면서 계속 근로자로 남는 경우가 생긴다. GAP 투자로 단타 치면서 수익을 내는 투자방법은 이미 월급을 대체할 현금흐름을 만들고 시간적 자유가 있는 고수들의 영역이다. 부동산 투자 초보일 때는 실거주를 위한 내 집 마련, 규모가 작은 다세대 GAP 투자, 비교적 수요가 많은 서울, 수도권, 광역시 투자, 자본금이 적게 드는 분양권 등으로 조금씩 경험을 해보는 것을 추천한다.

만약 투자 후 가치가 상승할 때까지 기다릴 시간이 없고, 하루라도 빨리 자본금을 키워 근로소득자 신분을 벗어나고 싶다면 기술투자를 해야 한다. 기술투자는 시세보다 싸게 매입해서 매입하는 순간 바로 잠재적이고 확정적인 수익을 만들어 낸다. 가치투자는 자신이 부동산 시세에 영향을 미칠 수 있는 부분이 없기 때문에 미래의 가치가 상승할 지역과 타이밍에 나를 맞춰야 한다. 하지만 기술투자는 지역과 타이밍을 나에게 맞출 수 있기 때문에 내가 원하는 장소와 원하는 시간에 투자할 수 있다는 장점이 있다. 물론 시세보다 확실히 저렴하게 매입한다는 전제하에 가능한 것이다. 설령 그 지역의 타이밍이 하락세라고 할지

부장님보다 돈 잘 버는 직장인의 부동산 투자

언정, 자신이 시세보다 저렴하게 매입했다며 그 위기를 극복할 시간적 여유도 있다.

가령, 하락장인 지역의 부동산 시세가 5억인데 4억에 매입했다고 가정하자. 1년 뒤에 시세가 매입가인 4억까지 떨어질 것 같더라도 그 1년 이라는 시간적 여유가 있으며, 그 사이에 대책을 세우면 된다. 이 투자 법의 핵심은 싸게 사는 기술이 아닌, 바로 현재 시세를 정확히 아는 능력이다. 시세를 정확히 아는 능력은 어떤 투자를 막론하고 아주 중요한 요소지만, 특히 기술투자에서는 이 능력이 더욱 중요하다. 현재 시세를 정확히 알아야 저렴하게 매입하는 것이 가능하다. 하지만, 그 부동산의 가치를 제대로 파악하지 못 하면서 저렴하게 매입한다는 것은 어려운 일이다.

현재 가치를 정확히 아는 능력이 필요하다는 것은, 기술투자를 할 때 현재 가치를 정확히 파악하기 어려운 종목일수록 유리하다는 것을 의미한다. 아파트의 시세는 정말 초보자도 알 수 있을 만큼 그 시세를 파악하기가 쉽다. 정보 접근에 대한 장벽도 낮지만, 앞서 설명한 대로 개별성이 낮은 부동산이기 때문에 조금만 노력해도 그 가치를 파악하기가 쉽다. 이처럼 누구나 5억인 것을 아는 아파트를 나 혼자만 4억에 사게 내버려 두지 않는다는 말이다. 게다가 아파트는 수요도 많기 때문에 시장에 조금이라도 싸게 나왔으면 금방 팔리거나 낙찰되기 마련이다.

기술투자의 대표적인 방법이 경매인데, 19년 8월 서울 용산에 시세 12억짜리 아파트가 감정가 6억3천만원에 나온 적이 있다. 나도 서부지법에 입찰하러 갔는데 입찰자가 수십 명이었고 결국 11억5천만원에 낙찰되었다. 물론 시세보다는 낮게 낙찰되었지만 12억짜리 아파트가 5천만원 낮은 낙찰가이면 일반 매매시장에서도 급매를 통해 충분히 나올 수 있는 물건이다. 비록 경매절차가 지연되면서 수년 전 감정가로 경매에 나온 특수한 케이스였지만, 그만큼 아파트는 누구나 시세를 꿰뚫고 있어서 저렴하게 매입하기가 어렵다.

만약 이것이 아파트가 아닌 전라도에 위치한 염전이었다면 어땠을까? 물론 수요측면에서 비교가 안 되지만 어쨌든 시장에서 팔릴 수 있는 가격보다 훨씬 저렴하게 매입할 수 있었을 것이다. 즉, 수요가 많고 시세파악이 쉬운 것보다는 수요가 적더라도 시세파악이 어려운 종목일수록 저렴하게 매입할 확률이 높다. 다만, 그 물건을 매입해서 어떻게 처리할 것인지 출구전략을 세우고 접근해야 한다.

경매의 바이블로 알려진 〈송 사무장의 경매의 기술〉이라는 책은 기술투자의 교과서라고 할 수 있고, 나 역시 이 책을 통해 경매에 입문하게 되었다. 시세보다 저렴하다는 것은 하자가 있다는 뜻이다. 하자라 함은 부동산 권리문제가 복잡하거나, 시세파악이 어렵거나, 수요가 거의 없어 출구가 보이지 않다는 것 등이다. 기술투자는 첫째 물건의 현 시세를 정확히 파악하고, 둘째 하자가 있으므로 저렴하다는 것을 받아들이고 그 하자를 어떻게 잘 풀어갈지 고민하는 것이 핵심이다.

만약 시간도 없는데 기술투자는 어려워서 엄두가 안 난다면, 개발투자를 추천한다. 개발이란 무엇인가를 보다 쓸모 있고 향상된 상태로 변화시키는 행위를 이르는 말이다. 즉, 부동산 개발이란 그 부동산의 목적에 부합하는 방향으로 보다 좋은 컨디션으로 만드는 것을 말한다. 부동산 투자 초보자는 통상 주거용 부동산에 많이 투자한다. 주거용 부동산의 목적은 주거이고, 그 부동산엔 임차인이 살 것이다. 임차인의 입장에서 부동산을 고르는 기준은 미래가치가 아니다. 현재 부동산의 입지와 컨디션이다. 입지가 중요한 것은 누구나 알 것이고 개인이 개발로 바꿀 수 있는 영역이 아니다. 그냥 처음부터 입지 좋은 곳을 매매해야 한다.

다만 컨디션은 개인이 바꿀 수 있다. 대표적으로 노후화된 빌라를 리모델링해서 깨끗하고 깔끔하게 바꿔 놓으면 임차인 입장에선 같은 입지라면 당연히 깔끔한 집을 선택할 것이다. 이 행위를 통해 드라마틱하게 시세가 오르는 것은 아니지만 주변에 노후화된 빌라가 많다면 임대 시세를 보다 높게 받을 수 있다. 임대 시세가 높다는 것은 그 부동산의 가치가 상승한다는 것이기 때문에 개발이라는 노력을 통해 부동산의 가치를 올려 매도한다면, 시장의 흐름이나 지역에 상관없이 자신의 노력만으로 수익을 낼 수 있다는 뜻이다.

아파트나 빌라를 리모델링하는 것은 초보자나 실거주자도 충분히 할 수 있는 영역이다. 셀프로 진행하기도 하지만 주변의 업체와 계약을 통해 진행하기도 한다. 셀프보다 비용이 더 나오긴 하지만, 그만큼 내 시간과 노력을 줄일 수 있고 리모델링 품질도 높을 것이다. 투자자는 투자한 비용 대비 높은 수익을 내는 것에만 집중하면 된다.

통상 기술투자와 개발투자를 같이 한다. 집이 노후화 등 하자가 있다면 기술투자를 통해 저렴하게 매입할 수 있을 것이고, 개발을 통해 그 부동산의 가치까지 끌어올린다면 수익은 더욱 늘어날 것이다. 개인적으로 시세 1억1천만원짜리 오래된 빌라를 9천만원에 낙찰받아 1천만원의 비용을 들여 리모델링을 진행했다. 그리고 1억2천만원에 전세 세입자를 들이고 1억3천만원에 매도했다. 총 투입된 비용은 1억(9

천+1천)이 조금 넘었지만, 기술투자와 개발투자를 통해 4개월 만에 3천만원의 수익을 냈다. 1억2천만원짜리 빌라를 제값에 사서 1억3천만원이 될 때까지 기다리는 것보다 훨씬 빠르고 확실하게 수익을 낼 수 있는 방법이다.

비록 경매와 집을 수리하는 행위는 시간과 노력이 투입되기는 하지만 비교적 짧은 시간에 자본금을 불릴 수 있고, 부동산을 공부하고 이해하는 데 많은 도움이 된다. GAP 투자 후 기다리는 것이 절차 면에서 복잡하지 않고 미시적인 관점에선 시간이 많이 들지 않아 효율적일 수 있으나 인생을 살아가는 긴 개념의 거시적 관점에서 볼 땐 빠르게 경제적 자유를 얻는데 기술투자가 더 유리하고 효율적일 수 있다. 만약 부동산 투자를 향후 지속적으로 할 계획이 있다면 경매와 집수리는 한 번은 꼭 경험해 보길 추천한다.

여러분은 어떻게 투자를 할 것인가? 대부분의 초보는 아파트 가치투자를 먼저 시작한다. 하지만 나는 초보일수록 기술투자와 개발투자를 먼저 해보기를 추천한다. 가치투자는 시장의 흐름을 알고, 지역과 타이밍을 넓게 보는 안목과 경험이 필요하다. 아울러 부동산을 매입하고 장기적인 시간을 버틸 수 있는 힘이 필요하기 때문에 오히려 고수의 영역이라고 생각한다.

지식과 자본금이 부족할수록 공부를 통해 기술투자와 개발투자에 접근하는 방법이 부자가 되는 더 빠른 길이라고 생각한다.

왜
거주와 투자의 구분

    부동산을 왜 사는가? 부동산을 사는 이유는 둘 중 하나이다. 거주하기 위해 사거나, 투자목적으로 돈을 벌기 위해 산다. 이 책을 읽는 독자라면 당연히 투자목적으로 부동산을 사려고 할 것이다. 그런데 많은 이들이 마치 내가 실거주했을 경우를 생각하면서 투자에 임한다. 부동산 투자로 돈을 벌려면 자신의 감정을 이입하지 말고 돈만 생각해야 한다.

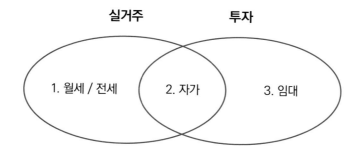

	실거주	투자
빠른 투자형	1	3
거주 + 투자 겸형	2→2→2	
안정 투자형	2	3
근로소득 중시형	1	X
일반형	2	X
초 페스트 투자형	X (부모님집 거주)	3
건물주형	2 (탑층 주인세대) 3 (아래층 임대)	

    당연히 내가 살고 싶은 곳이 누구나 살고 싶은 곳일 것이다. 사람마다 성향 차이는 있지만 대한민국이라는 같은 문화권에서 같은 민족으로 산 만큼 비슷한 마음과 눈을 가지고 있다. 누구나 직장과 가깝고, 새 아파트에, 학교도 가깝고, 주변에 혐오시설은 없었으면 좋겠고, 편의성도 좋고, 공원이나 녹지도 가깝기를 바란다.

    대한민국에서 가장 직장이 많은 서울 강남을 기준으로 본다면 이런 집이 있긴 있다. 하지만 엄청 비싸다. 만약 직장 위치가 강남인데 돈에 구애받지 않고 집을 고르라고 한다면 대부분 그 집을 고를 것이다. 그런데 직장이 부산이라면 어떨까? 나만 부산에 살고 가족은 그 집에 살게 할 수도 있고, 같이 부산에 살 수도 있다. 만약 부산에 산다면 부산에서 가장 앞의 조건에 부합하는 집부터 찾아볼 것이다.

    누구나 거주하기를 희망하는 곳은 투자가치가 있는 곳이다. 대표적인 곳이 서울 강남이다. 대한민국에서 가장 일자리가 많은 곳이 강남이고 학군, 편의성, 교통 등 부족함이 없는 곳이 강남이기 때문에 투

부장님보다 돈 잘 버는 직장인의 부동산 투자

자가치가 있을 수밖에 없다. 물론 투자 대비 수익율만 본다면 강남이 아닐 수도 있지만, 동일한 조건의 부동산이라면 대한민국에서 강남이 가장 수요가 많으니 투자가치가 클 수밖에 없다.

누구나 다 아는 사실인데 문제는 강남에 투자할 만한 큰돈이 없다는 사실이다. 그렇다면 강남 다음으로 투자가치가 높은 곳은 어디일까? 서초, 송파 등 강남 인근 지역이다. 만약 그 지역에 투자할 돈도 없다면? 그다음으로 투자가치 높은 곳을 찾아보면 된다.

투자를 할 땐 자신이 가용한 예산 범위에서 가장 좋은 부동산을 찾는 것이 중요하다. 자신이 잘 아는 곳, 익숙한 동네는 투자가치가 높은 곳은 아니지만 투자에 실패할 확률이 덜한 곳이다. 실패 확률이 적다는 것은 수익을 낼 확률이 높다는 말일 수도 있다. 그래서 잘 아는 동네에 먼저 투자하라는 것은 틀린 말이 아니다. 다만 투자의 목적이 돈을 벌기 위함이라면 공부를 통해 더욱 투자가치가 있는 곳을 찾아 투자하는 것이 합리적인 선택이다. 강남에 일자리가 몰려 있긴 하지만, 자신의 직장이 강남이 아닐 수도 있다. 또한 부모님을 모셔야 하거나, 아이가 어려 부모님 댁 근처에서 살아야 하는 등, 개인마다 주거조건과 환경이 다르기 때문에 거주와 투자는 더욱 분리해서 생각해야 한다.

돈 없는 초보에게 비현실적인 얘기였다면 다른 예를 들어보겠다.

만약 누군가 투자금이 거의 들지 않는데 매달 30만원의 월세가 나오고 나중에 매도하면 2천만원의 수익이 발생하는 부동산이 있으니 투자해보라고 한다면 투자하겠는가? 그 말이 사실이라면 당연히 투자한다고할 것이다. 그런데 그 부동산은 서울 화곡동에 위치한 20년 된 빌라의 반지하인데, 시세보다 70% 낮게 급매로 나왔다고 한다. 당신은 서울이 아닌 일산에 거주하고 있고 직장은 파주이다. 이래도 투자를 할까?

만약 자신이 돈만 생각하는 투자자라면 투자를 하는 것이 맞다. 하지만 많은 사람이 주차도 안 되고, 습할 것 같고, 역세권도 아니라는 핑계로 투자를 하지 않는다. 자신이 거주할 것도 아닌데 주차나 역세권을 따진다. 물론 그만큼 수요가 적겠지만 중요한 건 시세보다 저렴해서 수익이 난다는 사실이다.

그런 환경에 거주하는 임차인을 비하하는 의미는 전혀 아니다. 누구나 강남에 살 수 없듯이 각자 여건에 맞는 집에 사는 것이고, 개인마다 주거조건이 다르기 때문에 어디를 가든 그 조건에 맞는 수요가 있다. 따라서 투자자로서 수익을 내기 위한 관점에서 투자하는 것이 중요하지, 자신이 그곳에 거주할 때 느끼는 불편한 감정을 이입해서 수익을 놓치는 일이 발생하면 안 되는 것이다.

마지막으로 자신이 투자할 자본금이 부족한데 현재 거주하는 곳이 투자가치가 적다고 판단되면, 임대로 거주를 하고 보다 투자가치가 큰 곳에 투자하는 것이 좋다. 만약 직장이 지방 소도시에 있다면 굳이 그 지역에 집을 소유해서 거주할 필요는 없다. 거주는 출퇴근이 편하면서 커뮤니티 좋은 새 아파트에 월세로 살고, 투자는 대도시 구도심의 재건축이 예정된 낡은 아파트에 하는 것도 방법이다.

사람마다 살아가는 방식에 대한 가치관이 다르지만 투자는 자신의 가치관을 반영하기보다는 투자의 목적이 무엇인지 잘 생각해야 한다. 왜 부동산에 투자하는지 목적이 명확해진다면, 조금씩 투자에 대한 마인드가 강해지고 더 많은 수익을 낼 수 있기 때문이다. 부동산은 내가 좋아하는 것이 아닌 최대한 많은 이들이 좋아하고, 미래 잠재적 가치가 있는 것이 투자가치가 클 수밖에 없다.

투자금을 만들면서 지속적으로 투자하는 방법

부동산 투자를 하려면 최소 3천만원은 있어야 한다고 생각한다. 신용대출이라는 레버리지를 활용해 투자원금을 더 키울 순 있지만, 그래도 자기자본 3천만원은 먼저 있어야 한다.

종잣돈이 많을수록 선택의 폭이 넓어지지만 그래도 3천만원에서 1억 정도면 투자를 시작하기에 충분하다. 다만 아무리 고소득자라고 하더라도 3천만원을 모으는 게 생각보다 쉽지는 않다. 한달에 250만원을 모으면 1년이 걸리고, 83만원씩 모은다면 3년이 걸린다. 짧지 않은 시간에 어렵게 모은 종잣돈인 만큼 투자에 그만큼 신중할 수밖에 없고 이와 관련해서는 앞에서 설명했다.

가령 3년 동안 열심히 저축해서 3천만원을 모았고, 1억짜리 부동산을 전세 7천만원 끼고 매입했다고 하자. 그럼 또 3년 동안 저축을 시작할 것인가? 물론 저축 속도가 빠르고 천천히 안정적으로 투자하고 싶다면 이것도 맞는 방법이다. 하지만 모든 투자는 지속적인 관심을 가지고 흐름을 읽어야 한다. 그런데 단 한번의 투자로 3년간 저축한 투자금이 묶이고, 그다음 3년간 또 저축을 한다면 그때까지 투자 관심이 점차 사라지게 된다. 따라서 최초에 저축으로 투자금을 모았다면 그 투자금을 잃지 않고 지속적으로 투자를 하면서 시장의 흐름을 놓치지 않는 등의 꾸준한 관심이 중요하다.

지속적인 투자를 하는 방법은 두 가지가 있다.

첫째, 사고팔고를 지속적으로 하는 것이다. 즉, 투자금을 활용해 물건을 매입 후 다시 팔면서 수익을 얻는 방식이다. 매입 후 매도까지의 기간은 상대적이지만, 스스로 투자에서 관심이 멀어지지 않는 선에서 무언가 꾸준히 하는 것이 좋다. 이런 방식은 중장기보다는 단기투자에 해당하며, 경매 및 공매를 통해 시세보다 저렴하게 매입한 후 시세대로 파는 방법 등이 있다.

투자를 했더니	투자금이 늘었다 (+)
현금흐름이 발생했다 (+)	〈매우 잘한 수익형/차익형 투자〉 – 매입: 1억원 – 조달: 대출 8천만원+보증금 3천만원 (+1천만원) – 세팅: 월세 40만원 (이자 약 20만원 제외하고 순이익)
현금흐름은 없다 (0)	〈매우 잘한 차익형 투자〉 – 매입: 1억원, 수리비 1천만원 – 세팅: 전세 1억2천만원 (+1천만원)
매달 비용이 나간다 (−)	〈일단은 괜찮은 차익형 투자〉 – 매입: 1억원 – 조달: 대출 2천만원+전세 9천만원 – 세팅: 전세세팅 (선대출 이자 발생하나, 당장은 좀 더 많은 투자금 확보 가능)

둘째, 투자를 하되 그 투자금이 묶이지 않도록 하는 것이다. 투자를 하면서 투자금은 안 묶이게 하라니 쉽게 이해하기 어려울뿐더러 뭔가 편법을 쓰는 것 같고 리스크가 클 것 같아 거부감이 들 수도 있다.

가령, 1억짜리 상가를 대출 8천만원을 받아 매입했다고 하자.

투자금이 들지 않았다 (0)	투자금이 묶였다 (−)
〈잘한 수익형 투자〉 - 매입: 1억 - 조달: 대출 8천만원+보증금 2천만원 - 세팅: 월세 50만원 (이자 약20만원 제외하고 순이익)	〈평범한 수익형 투자〉 - 일반적인 수익형 투자로, 가령 수익율 6% 부동산을 1억원에 매입할 경우 50만원/월 나오는 구조
〈잘한 차익형 투자〉 - 매입: 1억원, 수리비 1천만원 - 세팅: 전세 1억1천만원	〈평범한 차익형 투자〉 - 일반적인 GAP투자
〈Case By Case 투자〉 - 매입: 1억원 - 조달: 대출 2천만원+전세 8천만원 - 세팅: 선대출+전세세팅 　　　(부동산가치가 상승하면 좋으나, 장기보합 또는 하락시엔 Risk)	〈안 좋은 투자〉 - 매입: 1억원 - 조달: 대출 7천만원+보증금 1천만원(−2천만원) - 세팅: 월세 10만원 (이자가 월세보다 많이 나와, 매달 비용발생하는 구조로 부동산 가치가 아주 많이 상승할 것으로 예상되지 않는 이상 지양해야 할 투자)

그럼 본인 투자금 2천만원은 당장 묶인다. 그런데 그 상가를 임대하여 임차인에게 보증금 3천만원에 월세 50만원을 받는다고 가정해보자. 그럼 대출 8천만원에 보증금 3천만원이 더해져 결국 1억1천만원이 되므로, 잠깐 자신 돈 2천만원이 투자는 됐으나, 결국 1천만원의 투자금이 더 생기는 결과이다. 또 월세 50만원은 이자를 내고 남는다면 추가로 현금흐름이 생겨난다.

주거용 부동산의 경우 1억짜리 빌라를 경매로 8천만원에 매입한 후 500만원을 들여 수리한 후 전세 1억에 맞춘다고 가정해보자. 그럼 빌라를 매입하고 수리하기까지 약 8,500만원이 들어갔지만 결국 전세보증금 1억원을 받아 1,500만원이 추가로 만들어진다. 한데 1억짜리 빌라에 어떻게 전세를 1억에 맞추는지 궁금할 것이다. 이것은 실제 나의 사례이기도 하다. 일단 시세보다 확실히 저렴하게 매입을 했고, 아파트와 달리 빌라는 개별성이 강하기 때문에 시세에 대한 어느 정도 오차가 존재한다. 또한 인테리어와 같은 가치부여를 통해 사용자(세입자)로부터 더 큰 사용료(전세보증금)를 받을 수 있다.

이런 투자가 물론 쉽지는 않다. 하지만 단 한 번의 투자로 투자금이 모두 묶여, 다시 3년 동안 저축하는 것보다는 쉽다. 대출과 보증금은 어차피 상환하거나 돌려줘야 할 돈인데 그 돈으로 또 다른 곳에 투자하는 게 옳은지 의문이 들 수도 있다. 이 역시 본인 선택의 몫이다. 대출의 선순환과 악순환에 대해 얘기한 것과 마찬가지이다. 세입자의 보증금은 내 집에 살게 해주는 조건으로 무이자 대출을 받았다고 생각하면 된다.

앞에서 대출을 받아서 투자를 하는 것과 소비를 하는 것의 차이를 알아봤다. 세입자의 보증금으로 자동차를 사거나 해외여행을 가는 등 소비를 하면 문제가 되지만 투자를 하는 것은 레버리지를 한 것이다. 은행에서 돈을 빌려 레버리지를 한 것과 같은 원리이다. 결국 공부를 하지 않아서 잘못된 투자를 하는 것이 리스크이지, 투자를 하는데 레버리지를 일으키는 것 자체가 리스크는 아니다.

5장

★ ★ ★ ★ ★

투자금을 키우는
차익형 투자

주택(아파트) GAP 투자

이 방법은 설명하지 않아도 대부분이 알고 있는 방법이다.

주택(아파트)은 우리가 살아가는 데 꼭 필요한 필수재이고 누구나 익숙해서 아를 이용한 GAP 투자는 쉽게 느껴지기도 한다. GAP 투자는 우리나라에만 존재하는 전세제도를 이용하여 세입자의 전세보증금이라는 무이자 대출을 레버리지 해서 주택(아파트)에 투자하는 방법이다. 비교적 적은 투자금으로 매입한 다음 아파트 가격이 올랐을 때 매도함으로써 그 시세차익을 얻는다.

그런데 월세도 있는데 왜 꼭 아파트를 차익형으로 구분했을까? 아파트는 수익형보다는 차익형에 더 적합한 종목이다. 물론 아파트도 월세를 받아 수익형 상품으로 투자할 수 있지만, 아파트는 대체로 다른 상품(상가, 오피스텔)에 비해 수익률이 떨어지기 때문에 피 같은 투자금을 조금이라도 효율적으로 사용하기 위해서는 적합한 방법으로 투자하는 것이 좋다.

부동산 투자자의 90%가 아파트(분양권, 입주권, 재개발, 재건축도 크게 보면 아파트의 범주)에 투자하며, 시중에 나와 있는 부동산 투자서 대부분이 아파트를 다루고 있으므로 이 책에서는 아파트에 대해 추가로 설명하지 않겠다.

다만, 대한민국 부동산에서 가장 큰 영향력이 있는 종목인 만큼 세금과 규제에 직격탄을 맞을 수 있으므로 아파트 투자를 지속적으로 할 예정이라면 어떤 로드맵으로 투자할지 고민할 필요가 있다. 부동산의 순수한 가치만을 바라보고 투자하는 것도 중요하지만, 투자에 수반되는 명의, 대출, 세금 등 역시 수익에 큰 영향을 주는 요소이기 때문에 무시할 수 없다는 사실은 알아야 한다.

구분(유형)	실거주	투자
일반인	자가	이사 다니면서 자가 주택(1주택 유지) 업그레이드
나는 임차인이지만, 집이 있다	임대	일시적 2주택 비과세 혜택 받으면서 투자 (비과세 조건에 실거주 요건이 있다면 이사 동반 필요)
상가투자 하는 일반인	자가	- 규제가 덜한 상업용 부동산 투자 - 이사 다니면서 자가주택(1주택 유지) 업그레이드
로또하는 임차인	임대	무주택자로 청약점수 쌓아서 분양권 크게 한 방 투자 집중
법인 또는 차명 활용	자가 또는 임대	- 개인명의: 1주택자 유지 및 업그레이드 또는 일시적 2주택 방식 활용 - 법인/차명: 다주택 투자
다주택자		세금, 규제 전부 받아내면서 투자

위 표와 같이, 주택을 투자하는 다양한 방법이 있지만 대부분의 사람들은 표의 '일반인' 유형 방법만으로도 자신이 투자를 잘하고 있다고 생각한다. 그러나 경제적 자유를 목표로 아파트(주거용 부동산)로 승부를 보겠다고 하면 '일반인' 유형의 방법으로는 부족하다. 다양한 방법을 동원해서 세금은 절세하고, 수익은 극대화할 필요가 있다. 특히 자신이 다주택자 테크를 탈 예정이라면 세금과 규제에 대해서는 정말 많은 공부를 해야 한다. 사실 아파트를 주 종목으로 투자하려고 하면 반은 세무사가 되어야 하고, 정부의 부동산 정책에도 항상 관심이 있어야 한다.

주거용 부동산(아파트)은 실제 거주하기에 익숙하기도 하며, 교통, 학군, 호재 등 부동산 가치파악도 상대적으로 쉬운 편이다. 반면 상업용 부동산은 상권분석, 유동인구, 동선, 임차업종 매출분석 등 부동산 가치 분석이 어려워서 초보자가 접근하기 쉽지 않다. 한편으로 아파트는 투자에 수반되는 명의, 대출, 세금에 대한 이슈가 워낙 수시로 변하고 복잡하므로 마냥 주거용(아파트) 부동산이 투자하기 쉽다고 할 수만은 없다. 일단 투자자가 많아 경쟁이 심하고, 자칫 잘못하면 세금폭탄을 맞는 경우가 생기기 때문이다. 따지고 보면 주거용이든 상업용이든 쉬운 투자는 없고 뭐든 자기 성향에 맞는 종목을 찾아 공부해가면서 꾸준히 수익을 내는 것이 가장 중요하다.

부장님보다 돈 잘 버는 직장인의 부동산 투자

노후빌라, 입주권, 분양권

주택은 입지가치와 상품가치라는 두 가지 측면에서 그 가치를 판단할 수 있다. 당연히 입지가 더 중요하다. 속이 안 좋은 사람의 화장발은 한계가 있다는 말처럼 아무리 마케팅을 잘해도 품질이 좋지 않으면 오래가지 못한다. 아무리 새 아파트라고 해도 입지가 좋지 않으면 당장은 좋아 보일지언정 그 건물이 노후화되면 남는 것은 입지가치뿐이다. 따라서 부동산은 기본적으로 입지가 제일 중요하다. 하지만 부동산이 생선처럼 금방 상하는 것도 아니고, 상품도 재개발 재건축을 통해 돌고 돌기 때문에 상품가치도 무시하진 못한다. 일반적인 투자라면 입지가 좋아질 곳에 투자하는 것이 원칙이나, 오로지 상품가치 측면에서 차익형 투자를 할 수 있는 종목들도 있다. 바로 헌 집이 새집으로 바뀌는 단계의 상품들이다.

현재 서울에서 오로지 땅만 있는 나대지는 학교 운동장 외엔 찾기 어렵다. 그런 만큼 이제 노후주택을 보면 나대지로 보는 관점을 가지고 부동산을 봐야 한다. 자신이 노후주택을 사서 신축을 하면 가장 좋겠지만, 국가나 대형 시행사에서 재개발하는 지역의 빌라를 미리 매입해서 그 프로젝트의 일원으로 참여하는 것도 좋은 방법이다.

시간이 오래 걸리거나 계획이 불명확하다는 단점이 있으나, 성공만한다면 주택 상품가치의 끝판왕인 새 아파트를 거의 분양가로 얻을 수있다는 큰 장점이 있다. 하지만 노후빌라를 사 놓고 막연하게 기다리는 것은 시간상 큰 리스크이기 때문에 이미 확정된 지역에 프리미엄을주고 매입하는 것이 좀 더 안정적이다. 사실 돈만 많으면 그냥 새 아파트 사면 되는데, 그놈의 돈이 없어서 시간을 선점해서 돈을 벌려고 하는 것이다. 서울의 재개발 지역은 이미 프리미엄이 상당하므로 투자를위해선 목돈이 필요하고, 아무리 확정이 되었다 하더라도 건너야 할강이 많아서 이마저도 쉽지는 않다.

입주권보다 가능성 측면에서 더 안전한 것은 분양권이다. 분양권은이미 새 아파트 착공이 확정되었거나 착공을 시작한 상황에서 그 아파트에 입주할 수 있는 권리를 사는 것이다. 이는 약 2년만 기다리면 새아파트를 얻을 수 있다는 안정성이 있는 반면, 그만큼 프리미엄이 상당하다. 아파트 실입주자가 아니고 차익형 투자로 접근하기엔 초기 투자비용이 많이 들기 때문에 수익률 측면에선 오히려 떨어질 수가 있다.

결국 이런 시장에서 차익형으로 투자금을 불리기 위해서는 이렇게상품가치 변화하는 틈새에서 최소한의 투자금으로 최대한 안정적이고확정적인 수익을 만들기 위한 전략을 찾는 것이 핵심이다. 나 역시 초반에 분양권을 프리미엄 주고 매입한 후, 시간이 흐른 뒤 더 많은 프리미엄을 받고 매도하는 방법으로 짧은 시간에 수천만원의 차익을 실현한 적이 있다. 당시는 시장이 투자하기 좋은 상황이었지만, 지금도 찾아보면 미분양이 났거나, 청약이 취소되어 '줍줍'이 나오는 곳이 있으니 항상 시장을 모니터링할 필요가 있다.

경매, 공매

　경매로 돈 좀 벌었다고 하면 어떤 이미지가 떠오르는가? 마치 사기꾼 같고 남의 가슴에 상처를 내면서 수익을 내는 나쁜 사람이라고 생각할지도 모른다. 하지만 경매에 입찰해서 부동산을 매입하는 것은 국민 간의 분쟁을 해결하려는 국가의 임무를 도와주는 것이다.

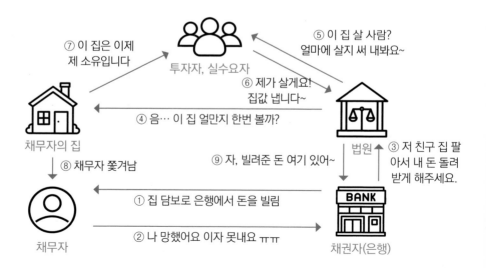

위 표와 같이 채무자와 채권자가 돈 때문에 싸우고 있다. 국민들이 서로 싸우는 걸 중재해주는 역할은 법원에서 하고, 민사소송을 통해 해결해준다. 이들의 돈 문제를 해결하기 위해서 법원은 그들의 부동산을 대신 팔아서 중재를 해준다. 미친 듯이 공부해서 판사가 되었는데 부동산을 팔고 있을 이유가 없다. 이는 모두 국민들이 서로 싸우지 않고 잘 살게 하기 위한 공익적인 일이다. 따라서 법원에서 파는 부동산을 잘 사줘야 국민들의 싸움이 많이 해결되고, 국가 질서가 유지되는 것이다. 경매로 부동산을 사면 은행대출이 다른 대출보다 쉽게 나오는 이유가 여기에 있다.

또 은행은 국가(법원)에서 감정한 가격은 묻지도 따지지도 않고 그 가격을 따른다. 주택을 5억 주고 매입해서 대출을 40% 받으려고 할 때, 5억의 40%이면 2억인데, 은행의 집 평가가치가 4억이면 5억에 샀더라도 은행은 평가액 4억의 40%인 1.6억만 대출해준다. 하지만 경매는 다르다. 국가(법원)에서 5억이라고 감정을 했으면 그냥 5억이다. 국가(법원)가 감정한 가격에 대해 토를 달지 않는다.

이런 경우 오히려 독이 될 수도 있다. 나의 한 지인은 경매로 감정가 5억짜리 부동산을 70%에 낙찰받아 3.5억에 매입했다. 그때 은행대출이 80%가 나와서 3.5억의 80%인 2.8억을 대출받았다. 하지만 알고 보니 그 부동산의 실제 시세는 겨우 3억 정도에 불과했다. 그 부동산을 일반 거래로 매입했다면 은행은 당연히 3억의 80%인 2.4억만 대출을 해줬을 것이다(요즘엔 80% 대출받기가 어렵지만, 편의를 위해 LTV가 같다고 가정).

이 경우 법원에서 감정을 시세보다 2억이나 높게 한 탓에 대출을 훨씬 많이 받을 수 있었지만, 문제는 대출을 많이 받았다는 것이 아닌, 시세보다 비싸게 낙찰받았다는 것이다. 법원의 감정가가 항상 시세와 일치하는 건 아니다. 따라서 경매감정가보다 낮게 매입하는 게 중요한 게 아니고, 경매감정가가 제대로 시세를 반영했는지를 먼저 확인해야 한다.

내 지인이 낙찰받았던 부동산은 노유자시설이었다. 최근 거래된 사례가 없어 법원이 최초 분양가를 참고로 감정했던 것인데, 실제 시장에서는 분양가보다 낮게 거래가 되고 있었다. 은행은 법원에서 감정한 가격을 따르지만, 경매 참여자는 그게 시세라고 그대로 믿으면 안 된다.

경매 물건은 상호분쟁으로 나온 매물이기 때문에 부동산 시장에서 예쁘게 포장해서 파는 매물보다 지저분할 수 있다. 물리적으로 지저분할 수도 있고, 권리적으로 지저분할 수도 있다. 법원이 부동산 팔아서 국민들 화해시켜주는데 매물 포장까지 할 여력은 없다. 경매 참여자는 포장되지 않은 부동산을 사는 대신 경쟁을 통해 보다 저렴하게 매입한다. 포장이 안 되고 지저분할수록 경쟁이 덜할 것이고, 경쟁률이 낮을수록 더욱 낮게 매입할 확률이 높아질 것이다. 공매도 경매와 비슷하지만 그 주체와 목적이 조금 다르다.

부동산을 낙찰받으면 그 집에 살고 있는 사람을 내보내는 행위를 명도라고 하는데, 명도가 무서워서 경매를 못 하는 사람도 있다. 세상에 공짜는 없듯이 당연히 저렴하게 매입하는 만큼의 수고가 필요한 법이다.

경매는 부동산의 꽃이라고 할 만큼 매력적인 투자법이니 투자자가 아니더라도 한번쯤은 접해보는 것을 추천한다. 자신이 채무자의 집에 살고 있는 임차인의 입장이 될 수도 있다는 점에서도 알아두는 건 나쁘지 않다. 노숙하지 않는 이상 누구나 임대인(집주인) 또는 임차인(세입자) 둘 중 하나는 선택해야 한다. 만약 임차인으로 살고 있다면 자기 재산의 대부분인 보증금을 지키기 위해서라도 알아야 한다. 법은 '몰랐어요'라는 변명은 들어주지 않는다.

리모델링과 신축

개발투자는 앞에서 설명한 집 내부를 리모델링하는 것 외에도 다양한 방법이 있다. 골조를 제외한 건물 내외부를 전부 리모델링하는 방법도 있고, 아예 기존 건물을 철거하고 신축하는 방법도 있다. 농구선수 출신 방송인 서장훈도 2000년대 양재역 인근 건물을 28억에 낙찰받아 내·외부를 전부 리모델링해서 현재 시세가 200억이 넘는 유명한 사례를 남기기도 했다. 물론 20년이라는 시간이 흘러 시세가 오른 탓이 크지만, 리모델링이라는 행위만으로도 충분히 많은 수익을 낼 수 있다.

지은 지 30년이 넘은 아파트가 많은 1기 신도시 같은 경우도 재건축 대신 리모델링을 택하는 단지가 있다. 뼈대는 놔두거나 더 튼튼하게 보완을 하고, 증축으로 세대수를 늘리면서 내부는 최근 트렌드에 맞게 공사를 한다. 주차장도 넓히고 조경도 새롭게 한다. 아파트뿐만 아니라 개인 주택도 리모델링이 가능하다. 서울 연희동이나 연남동에

부장님보다 돈 잘 버는 직장인의 부동산 투자

가면 오래된 단독주택을 골조만 남기고 용도변경을 통해 1층은 카페로, 2층은 사무실로 쓰면서 부동산의 가치를 올리는 사례를 많이 볼 수 있다.

나 역시도 신축을 하기 전에 리모델링을 검토했던 사례가 있다. 당시 2층짜리 단독주택을 용도변경을 통해 1층은 카페로, 2층은 셰어하우스로 운영하려고 모든 준비를 마쳤으나, 시행 직전에 신축으로 계획을 변경했다. 리모델링의 장점은 새로운 건축법을 적용받지 않는다는 것이다. 28평짜

리 땅에 신축할 경우, 건폐율 60%를 적용하여 바닥면적이 약 17평이지만, 사진의 건축물은 1960년에 지어진 건물로 이미 17평 이상의 땅을 밟고 있었다. 그 당시엔 건폐율 규정이 60%보다 높았을 것이다. 이 건물을 리모델링 한다고 해서 17평으로 줄일 이유는 없다. 아울러 신축을 하면 주차장도 있어야 하는데, 임대인 입장에선 리모델링으로 주차장 없이 공간을 그대로 활용할 수 있다. 게다가 신축보다 리모델링이 비용이 훨씬 낮다. 구조를 보강하고 저렇게 전부 바꾸는데 약 1억의 돈이면 충분했다.

그런데도 내가 리모델링을 하지 않았던 이유는 바로 자본금이었다.

리모델링을 하기 위한 비용은 대출이 안 된다. 1억원의 돈이 모두 있어야 한다. 그 당시 가용한 자금이 1억원뿐이었고, 만약 리모델링을 했다면 그 돈이 전부 부동산에 투입되어 매도하기 전까진 투자금이 없는 상태였다. 앞에서도 설명했지만, 부동산은 투자를 하면서 투자금이 묶이는 것을 경계해야 한다. 팔아야 다시 자본금이 회수되는 투자라면 자칫 오랜 기간 투자금이 묶이는 경우가 발생하고, 그 긴 시간 다른 투자를 하지 못하는 기회비용까지 발생한다. 물론 리모델링 후 매도하는 방식으로 수익을 창출하는 사람들도 많지만, 나는 이 부동산은 입지가 좋아 오래 보유하면 가치가 상승할 것으로 판단했다. 그래서 팔지 않으면서 투자금이 묶이지 않는 방향인 신축으로 계획을 변경했다.

기존 건물을 개발하면 리모델링이고, 기존 땅을 개발하면 신축이다. 리모델링은 신축 못지않게 가치상승의 매력이 충분한 개발행위이다. 다만, 누가 그리다 만 그림을 완성하는 것 보다, 백지에서 새로운 그림을 그리는 것이 오히려 더 쉬울 수 있다.

신축개발은 부동산 투자의 끝판왕이라고 생각한다. 그것이 상가이든 주택이든 신축을 한다는 것 자체가 일단 건물주가 된다는 것이고, 기존 건물을 철거한 땅에 새로운 건물을 세우고, 그 건물에 임차인을 들이는 모든 행위가 부동산 투자의 종합세트이기 때문이다.

결국 건물은 이 사진과 같이 신축을 했다. 주거용으로 신축을 하면 자신이 원하는 설계대로 건물을 지을 수 있기 때문에 미리 사업성을 계획할 수 있다. 나는 근린상가 및 다중주택으로 신축 후 전세 세입자를 들여 전세보증금을 받으면서 자본금이 묶이지 않도록 했으며, 동시에 이 부동산을 계속 보유하는 방향으로 했다. 토지 매입가를 제외한

자금이 1억밖에 없었지만, 신축 공사비는 대출이 가능하여 레버리지를 활용할 수 있었다.

공급자는 큰 실수만 하지 않는다면 무조건 이기는 게임이다. 신축을 잘 마무리만 하면 통상 사업원가(토지매입비, 시공비, 부대비용) 이상의 건물가치가 나온다. 즉, 자신이 계획하고 신축한 행위만으로도 그 원가 이상의 가치를 확보할 수 있는 것이다. 물론 그만큼 수고와 노력이 들어갔으니 어쩌면 당연한 일일 수도 있다.

이렇게 말하면 시행을 하는 것이 쉽게 느껴질 수 있지만 그렇지는 않다. 나는 분양권, 입주권, 아파트 GAP 투자, 경매, 빌라, 리모델링, 토지 등 다양한 투자경험이 있어서 신축이 가능했다. 중학교 때 방정식을 배워야 고등학교 때 미분 적분이 가능한 것과 같다. 다만, 방정식을 너무 오래 풀 필요는 없다. 방정식이 무엇인지 한 번의 경험을 통해 제대로 이해를 했다면 바로 다음 단계에 도전하는 것을 추천한다.

본인이 투자에 다소 공격적이고, 빠르고 능동적으로 수익을 내고 싶다면 신축을 추천한다. 특히, 정부의 부동산 투자 규제가 심할 땐 더욱 빛을 발휘한다. 신축은 정부의 규제 무풍지역이기 때문에 대출과 세금으로부터 비교적 자유롭다.

부자의 전유물, 토지

이미 자기 대신 일하는 아바타를 확보해서 시간적 여유가 있고, 여유 자금까지 확보한 사람으로서 부동산 투자에 관심이 있다면 토지에 투자해야 한다. 시간적 여유와 여유 자금이라는 단서를 단 이유는 토지가 부자의 전유물이기 때문이다. 물론 아직 부자가 아닌 나 역시 토지투자를 했고, 요즘 주택시장 규제가 심해지면서 소액으로 하는 토지투자도 많은 관심을 받고 있다.

토지는 기본적으로 초보자가 접근하기 불리한 종목이라서 토지를 부자의 전유물로 표현했을 뿐 부자가 아니면 투자를 하지 말라는 것은 아니다. 토지가 초보 투자자에게 불리한 이유는 각종 토지와 관련된 법령과 규제가 다양해서 이를 명확히 알고 접근하기가 쉽지 않기 때문이다.

또한 토지는 주택이나 상가에 비해 대출이 적게 나오고, 부동산(토지)을 매입했을 때 수익(월세)이 나올 확률이 적기 때문에 은행 이자를 오랜 기간 감당할 여유가 있거나, 레버리지 없이 매입을 해야 한다. 게다가 토지는 언제 개발이 되어 시세차익이 날지 모르기 때문에 이를 기다릴 수 있는 힘도 필요하다. 토지에 투자해 놓고 그 투자자의 아들이나 손자가 득을 보는 수도 있기 때문에, 일반인이 매달 이자를 내면서 보유하는 것은 사실상 불가능하다.

이뿐만 아니라 토지는 기본 매매 단위가 크기 때문에 빌라 GAP 투자처럼 몇천만원 가지고 투자하기엔 상당히 제한적이다. 따라서 토지는 초보자가 접근하기엔 비교적 어려운 종목이다.

하지만 이 모든 단점을 이길 수 있는 장점이 있는데, 만약 개발만 되면 그 시세차익은 상상을 초월한다는 사실이다. 50년대 강남에서 밭농사 짓던 조상님의 자손들은 전생에 우주를 구했을 것이다. 이처럼 이미 자신이 시간적 경제적으로 자유를 얻었고, 이제는 남은 미래와 자손의 부까지 생각한다면, 차익형의 끝판왕인 토지투자를 추천한다.

6장

★ ★ ★ ★ ★

현금흐름 만드는
수익형 투자

상업용 부동산
오피스텔, 상가, 지식산업센터

주거용 부동산은 전세가 가능하므로 투자금이 적어도 투자가 가능하다. 하지만 상업용은 전세가 거의 없고 월세이기 때문에 통상 목돈의 투자금이 필요하다. 이유는 대출이든 자기자본이든 전세를 활용한 GAP이 없는 탓이다. 내가 수익형을 하기 전에 먼저 차익형을 통해 어느 정도의 투자금을 마련해놔야 한다고 말한 이유이기도 하다. 월세 보증금이 있긴 하지만 사실 큰돈은 아니라서 큰 의미는 없다. 보증금이 의미 없을 정도로 적다는 말은 그만큼 월세를 받기 적합한 종목이라는 것을 의미하기도 한다.

주거용과 상업용의 가장 큰 차이는 수요이다. 주택은 필수재이다. 노숙하지 않는 이상 어쨌든 사람은 어디서든 살아야 하기에 비교적 수요가 풍부하다. 따라서 공실에 대한 리스크가 상대적으로 낮다. 반면 상가나 사무실은 선택의 영역이다. 회사원이 상가나 사무실을 빌릴 일은 없는 것이다.

상업용은 상권과 유동인구(입지)가 좋은 곳에 수요가 몰리기 때문에 입지선정을 주거용보다 특히 더 신경을 써야 한다. 그래서 초보는 주거용을 많이 하고 '중수' 이상부터 상업용을 하는 게 보통이다. 상업용은 또 공실에 대한 리스크가 큰 탓에, 만약 대출을 받아서 상가를 구입했는데 공실이 난다면 이자를 내지 못해 경매로 넘어갈 수 있는 문제도 있다.

이와 같은 이유로 상업용 부동산 입문은 보통 오피스텔로 많이 한다. 오피스텔은 업무시설로 상업용 부동산으로 분류되지만, 통상 주거용으로 많이 쓰이기 때문에 공실에 대한 리스크가 덜하다. 그래서 준주거 종목이라고도 한다. 그만큼 수익률이 높지는 않다. 만약 2억짜리 오피스텔을 사서 보증금 1,000만원에 월세 70만원짜리 세입자를 받았다면, 수익률은 4.4%이다.

	투자금	수익	수익율
매입가	2억원		
보증금	1천만원	70만원 / 월	
	실투자금 1억9천만원	840만원 / 연 (70*12)	4.4%

※ 1억9천만원 4.4% = 840만원

물론 대출을 활용하면 투자금이 덜 묶이겠지만, 그만큼 월세수익에서 이자를 차감해야 하므로 기본적으로 수익률은 대출을 고려하지 않은 자산 기반으로 계산하는 것이 원칙이다. 대출은 사람에 따라 그 조건과 금리가 다르기 때문이다.

오피스텔은 시장에서 수익률이 거의 정해져 있다. 게다가 종목 특성상 대지지분이 적기 때문에 건물이 노후화될수록 건물의 가치가 하락하여 부동산 시세차익을 기대하기가 일반 주택보다 어렵다.

상가 역시 큰 빌딩에 1개의 구분상가를 가지고 있을 경우 그 수익률이 어느 정도 정해져 있고, 건물 전체가 재개발, 재건축이 되기 전에는 구분상가 자체의 시세가 오르기는 어렵다. 수익형 부동산의 가치는 곧 임대료이기 때문에 상권이 좋아져서 임대료가 높아지지 않는 이상 부동산 가치가 오르기는 쉽지 않다. 이것 역시 수익률이 없는 아파트 가격이 오르는 것과 상업용 부동산의 가격이 오르는 개념이 다른 이유이다.

구분	주거용	상업용
부동산 가치 기준	노후도, 학군, 교통, 미래가치 (호재, 재건축)	수익율(월세), 입지, 임차인의 구성, 층수
대지지분	多	少

예시	- 그 지역 동일 평수 아파트 실
	  거래가
	- KB시세
		- 평당 임대료가 10만원인 입
		  지에서 100평짜리 상가의
		  월세는 1천만원
		- 수익율 4%에 사겠다는 사람
		  이 있다면, 그 상가의 가치는
		  30억
		  (1억2천만원(연수입) / 4%
		  = 30억)

상업용 부동산의 대지지분이 적은 이유는 바로 토지의 용도 때문이다. 앞에서도 배웠지만 통상 주택은 주거지역에 짓고, 상가는 상업지역

부장님보다 돈 잘 버는 직장인의 부동산 투자

에 짓는다. 주거지역은 용적률이 낮고 상업지역은 용적률이 높다. 따라서 같은 대지면적일 경우 주택은 1개 호실 당 차지하는 대지지분이 많고, 상가는 높게 쌓아서 구분상가가 많을 것이기 때문에 1개 호실 당 차지하는 대지지분이 적다. 대지 전체를 깔고 앉은 통건물을 보유해서 건물주가 되어야 하는 이유가 이것이다.

또 앞의 예시처럼 구분상가의 가치는 임대료가 절대적이다. 월세 1천만원짜리 상가가 4%에 팔렸다면 그 상가의 가치는 30억이다. 땅값이 올라도 탄력받는 범위(대지지분)가 적기 때문에 임대료(수익률)로 가치가 판가름나는 것이다.

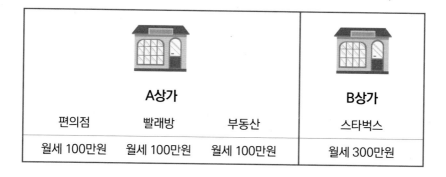

A상가			B상가
편의점	빨래방	부동산	스타벅스
월세 100만원	월세 100만원	월세 100만원	월세 300만원

표와 같이 동일한 면적, 동일한 월세를 받는 2개의 상가가 있다고 가정하자. 어떤 상가가 더 비쌀까? 만약 상가의 가치가 임대료와 수익률이 전부라면 2개 상가의 가치는 같아야 한다. 하지만 대부분의 사람들이 어떤 상가를 선택할까? 당연히 B상가이다. 임차인의 브랜드파워도 있지만, 하나의 임차인이 하나의 건물 모두를 사용하고 있으면 훨씬 관리가 편할 것이다. 이렇듯 같은 조건이라 하더라도 구분상가보다

는 건물상가에 투자하는 것이 좋고, 다수의 여러 임차인보다는 하나의 우량 임차인을 받는 것이 더 효율적이다.

최근 각광받고 있는 수익형 투자상품이 바로 지식산업센터이다. 서울에서는 구로디지털단지 인근에 많으며 예전엔 아파트형 공장이라고 불렀던 상품이다. 내가 직접 투자했던 경험은 없지만, 임차인이 대부분 사업자라서 한번 들어오면 잘 나가지 않아 월세가 안정적인 장점이 있고, 상업용 부동산 중에서는 그나마 시세차익이 크다. 지식산업센터만 전문적으로 투자하는 사람들이 있을 만큼 매력적인 상품으로 충분히 관심을 가져볼 가치가 있다.

주거용 부동산
원룸건물

수십억짜리 아파트에도 월세가 있긴 하다. 다만 그 집주인 입장에선 수익률을 바라보고 월세로 세팅했다기보단 시체차익을 바라보고 보유하는 데 목적을 두되, 여유자금이 있으니 월세도 받고자 하는 이유가 클 것이다. 임대인 입장에서도 주거용은 시세차익을 바라보고 보유하는 경향이 크고, 임차인 입장에서도 안정적인 실거주를 위해 월세보단 전세를 선호하는 경향이 크므로 필연적으로 주거시장에선 전세가 많을 수밖에 없다. 아파트뿐만 아니라 다세대나 단독주택, 심지어 원룸도 전세를 선호한다.

그럼에도 굳이 주거용 부동산을 수익형으로 접근하기 위해서는 원룸이 가장 적합하다. 상업용 부동산에서 오피스텔을 다뤘는데, 오피스텔도 전세보단 월세가 많듯이 주거용 부동산에서도 오피스텔과 가장 비슷한 원룸이 그나마 월세로 수익을 내기 적합한 종목이다. 원룸은 공식적인 용어는 아니고, 방 겸 거실이 1개의 공간이기 때문에 원룸이라고 한다. 거실에 방이 있다면 1.5룸, 방이 2개면 투룸이라고 부른다.

주거용 부동산의 종류는 앞에서 설명했듯이 단독주택과 공동주택이 있는데, 그중 단독주택은 단독주택, 다중주택, 다가구주택 세 가지로 나뉜다. 여기서 단독주택은 대기업 회장이 사는 단독주택을 생각하면 되고, 다중주택과 다가구주택이 우리가 흔히 아는 원룸의 공식적인 용어이다. 특히 다가구주택보다는 다중주택이 원룸에 더 가깝다. 원룸건물을 짓는 이유는 공실률이 적다는 주거용 부동산의 장점은 살리면서, 수익률은 극대화할 수 있기 때문이다.

수익률을 극대화하기 위해서는 공간(방)을 최대한 많이 만들어 임대료를 많이 받아야 한다. 공간(방)을 많이 만들기 위해서는 다른 불필요한 공간을 줄여야 하므로 대부분 엘리베이터가 없고, 주차장을 최소한으로 만들어야 한다. 다가구는 단독주택이긴 하나 세대당 주차장이 필요하고, 다중주택은 세대당이 아닌 면적당 주차장이 필요하므로 주차장을 다가구보다 많이 만들지 않아도 된다. 따라서 차 없는 세입자가 들어올 수 있는 역세권에 짓는 것이 좋다.

여하튼 이런 측면에서 원룸으로 수익성을 내기에는 다가구보다는 다중주택이 더 적합하다. 다중주택은 단독주택의 종류 중 하나이기 때문에 건물 전체가 1명의 소유자이다. 즉, 101호, 102호, 201호가 각각의 다른 소유자가 아니고 건물 전체를 1명이 소유하고 있다는 의미이다. 마치 건물이라고 하니 엄청나다고 생각되겠지만 그냥 방이 엄청많은 단독주택에 불과하다. 각 방에 전부 세입자를 받아서 월세를 받는 형태이기 때문에 주거용 부동산계의 대표적인 수익형이다.

부장님보다 돈 잘 버는 직장인의 부동산 투자

꼭 건물 전체가 아니더라도 공동주택(아파트, 다세대(빌라) 등)의 1개 호실을 소유하면서 월세를 놓는 것도 수익형으로 세팅하는 방법이긴 하다. 다만, 수익형 부동산의 핵심은 수익률인데, 그런 측면에서 비효율적이라고 볼 수 있다. 군이 아파트나 빌라에 투자해서 월세를 받아야 하는 상황이라면 최대한 대출을 받고 투자금을 최소화해서 월세 세입자를 받는 방법이 있다. 월세를 받아서 이자를 내고 남는 것이 수익이 되는데, 주거용 부동산은 대출 규제가 심하고, 세입자 입장에서도 대출이 있으면 아무리 월세라도 꺼리는 경향이 있다.

경매를 공부하다 보면 선순위를 알게 되는데, 자신의 보증금이 보호받기 위해서는 그 집의 대출보다 선순위이거나 법적 보호를 받을 수 있는 수준 이하의 보증금이어야 한다. 그 금액이 서울은 3,700만원이다. 통상 보증금과 월세는 반비례하고 그 총량은 같다.

예) 보증금 1천만원 = 월세 5만원인 지역
- 전세 1억 = 월세 5천만원 / 25만원 = 월세 3천만원 / 35만원
1억 - 5천만원 = 5천만원
(1천만원*5)
(5만원*5 = 25만원)

- 전세 4억 = 월세 3천만원 / 185만원
4억 - 3천만원 = 3억7천만원
(1천만원*37)
(5만원*37 = 185만원)

즉, 보증금을 3,700만원 이하로 줄일수록 월세는 올라간다. 만약 전세 4억짜리 아파트에 월세로 들어가려고 하는데 보증금을 3,000만원

으로 한다면 월세는 185만원이다. 이 금액을 월세로 내면서 거주할 임차인은 없을 것이다. 물론 비현실적인 예시이다. 통상 아파트 월세는 보증금을 억 단위로 한다. 다만 보증금이 억 단위가 되려면 그 아파트에 대출이 없거나 적어야 할 것이다. 그 말은 임대인 입장에서 아파트를 월세로 놓기 위해서는 투자되는 금액이 많아져야 한다는 뜻이다. 투자되는 금액이 많아진다는 것은 수익률이 떨어진다는 것을 의미하고, 이 때문에 전세를 놓고 투자금을 최소화하면서 차익형을 목적으로 가져가는 것이다.

이런 이유로 주거용 부동산을 수익형으로 하기 위해서는 소형이어야 한다. 소형아파트나 다세대(빌라)가 그나마 적합하고, 원룸일수록 훨씬 더 적합하다. 다만 앞서 말한 대로 원룸 1개 호실을 따로 팔지는 않는다. 물론 공유지분으로 파는 예도 있지만 흔치 않은 일이다. 따라서 주거용 부동산으로 수익형을 가기 위해서는 원룸 건물이 제일 적합하다.

결국 부동산의 핵심은 땅이다. 투자자라면 상업용이든 주거용이든 건물이 밟고 있는 땅 전부를 모두 가진 건물주가 되는 것이 목표가 되어야 한다. 아파트나 구분상가처럼 건물 전체 중 일부만 소유하는 것도 투자금을 줄이는 전략적 투자가 될 수도 있지만, 이러한 단계를 거쳐 결국은 건물주가 되는 것을 목표로 삼아야 한다.

투자금은 최소화, 수익률은 극대화
경매, 레버리지

　수익률을 극대화하기 위해서는 투자금을 최소화해야 한다. 투자금을 최소화하는 방법은 두 가지인데, 부동산을 저렴하게 구입해서 투자금 자체를 낮추거나, 남의 돈을 빌려 자신의 투자금을 낮추는 방법이 있다.

　저렴하게 매입하는 가장 대표적인 방법이 바로 경매이다.

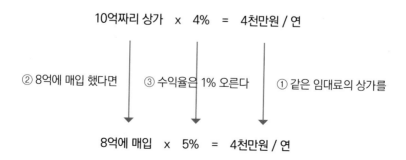

만약 10억짜리 상가를 8억에 매입했다면 수익률이 1%나 오르는 것과 같다. 어차피 그 시장에서 평당 임대료는 거의 정해져 있으므로 낮게 매입할수록 수익률은 올라가는 것이다. 따라서 입찰할 때 주택이든 상가든 임대수요와 임대 시세를 정확히 파악하는 것이 중요하다. 결국 저 부동산을 통해 한 달에 얼마를 벌 수 있는지를 알아야 자신이 몇 % 수익률에 맞춰 입찰가를 정할 것인지가 역으로 계산되기 때문이다.

자신이 목표했던 수익률에 맞춰 입찰해서 낙찰되면 성공이고, 패찰하면 다음을 기약하면 된다. 그런데 만약 임대 시세를 잘못 파악해서 수익률이 시장가보다 낮아진다면 실패한 투자가 되고 만다. 부동산 투자에서 발품이 중요한 이유는 바로 이 임대 시세를 정확하게 파악할 수 있기 때문이다. 주택은 그나마 손품으로 많이 해결되지만, 상가는 발품이 꼭 필요하다.

경매로 낮게 매입하기 위해서는 남들이 도전하지 않을 만한 물건을 눈여겨봐야 한다. 남들이 도전하지 않는 것은 물리적으로나 권리적으로 복잡할 것이며, 상가 같은 경우 공실일 경우가 많을 것이다. 복잡한 요소를 해결할 의지가 있고, 그 부동산을 조금 수리했을 때 가치를 키울 수 있다고 판단되면 과감하게 도전할 필요가 있다.

수익률을 높이는 두 번째 방법은 바로 남의 돈을 쓰는 것이다. 무이자로 많은 돈을 빌릴 수 있는 가장 좋은 방법이 전세이긴 하나, GAP 투자는 수익이 없는 탓에 수익률이 존재하지 않는다. 따라서 수익이 발생하는 부동산에서는 대출을 받아야 한다. 여기서 핵심은 대출이자보다 많은 수익을 내는 부동산이어야 한다는 점이다. 대출이자를 겨우 내거나 이자도 내지 못할 월세를 받는다면 그건 실패한 투자이다. 이

또한 임대 시세를 정확히 파악하지 못해서 일어난 일이다.

일반적으로 대출은 주거용보다는 상업용 부동산이 많이 나오고, 정부의 세금규제도 덜하므로 수익률을 바라보는 수익형엔 상업용 부동산이 적합하다. 담보대출 외에도 직장인은 저금리 신용대출을 활용해서 성공적인 투자만 한다면 종잣돈을 모으는 수년간의 시간을 앞당길 수 있다. 앞에서 대출은 돈이 아닌 시간을 빌리는 것이라고 강조한 이유이기도 하다.

자금을 빌려 수익률을 높이는 방법 중 하나는 정말로 남의 돈을 빌려 쓰는 것이다. 다른 말로 사채를 쓰는 것이다. 우리가 생각하는 대부업체의 사채도 사채지만 부모에게 빌리는 돈도 사채이다. 대부업체의 사채가 위험한 이유는 금리가 높아 그 대출금을 활용해서 그 이상의 수익을 내기가 어렵기 때문이다. 또 본인의 신용등급에도 영향을 주고, 혹시 잘못되어 상환하지 못했을 때 좋지 않은 일이 벌어지기 때문이다.

여기서 내가 말하는 사채는 자신이 감당할 수 있는 범위에서 최대한 레버리지 하라는 의미이다. 대표적인 것이 바로 신축을 할 때 시공사의 자금을 활용하는 방법이다. 보통 건물을 짓는다고 하면 엄청 부자여서 돈을 쌓아 놓고 건물 짓는 것으로 아는데, GS건설이나 현대건설 같은 대기업도 자기자본이 아닌 수분양자들의 중도금을 활용해서 건물을 짓는다. 물론 개인들이 할 수 있는 영역의 규모에선 어렵겠지만, 개인은 대신 건물을 지어주는 시공사에 공사대금을 후불로 지급하는 방법을 통해 레버리지를 할 수 있다.

이 방법을 활용하면 오히려 돈이 더 적게 든다. 나 역시 아파트 GAP 투자를 하다가 대출규제에 막히면서 다른 투자방법을 찾다가 신축을 하게 되었다. 신축은 대출규제도 없을뿐더러 부동산의 가치를 만들어가는 과정이라서 남의 자본을 이용하기가 쉽다. 이 때문에 나는 오히려 돈이 없을수록 신축을 하라고 권하는 입장이다.

내가 처음 건물을 지을 때 시공비가 4억6천만원이 필요했는데, 은행에서 2억6천만원을 대출해주고 시공사에서 2억은 후불로 받아서 내 돈 들이지 않고 건물을 지었다. 시공사에 줄 대금은 건물이 준공된 이후에 세입자들에게 보증금을 받아서 줬다. 개인이 돈이 필요할 때 은행에서 돈을 빌렸다가 다시 상환하듯이 건물을 짓기 위한 돈을 잠시 시공사에서 빌렸다가 준공 이후 상환하는 개념이다.

두 가지 경우를 생각해보자.

A 경우는 지인이 1억만 빌려 달라고 한다. 일주일 안에 1억이 필요한데 6개월 뒤에 갚겠다고 한다. B 경우는 일주일 안에 1억을 투자하면 6개월 뒤에 2억으로 돌려주는 상품이 있다. 이 상품은 절대 사기가 아님을 검증한 상황이다(물론 이런 상품은 없다).

과연 여러분이라면 일주일 안에 1억이라는 돈을 만들 수 있을까? 없을까? A라면 없을 것이고, B라면 어떻게 해서라도 만들 것이다.

무슨 일을 하려는 데 돈이 없는 것이 아니다. 결국 마음이 없는 것이다. 이 외에도 남의 돈을 활용하는 다양한 방법이 있다. 간절한 마음만 있다면 방법은 생기기 마련이다.

분할로 극대화하는 수익률

시공간 구분하기

정상적인 투자금을 투여해서 '투자'가 아닌 '매입'을 했다 하더라도, 이후에 그 부동산을 어떻게 활용하느냐에 따라 수익률을 극대화할 수 있다. 이 역시 두 가지 방법이 있는데, 부동산을 시공간적인 요소로 분할하는 것과 임대를 놓지 않고 직접 임차인이 되어 사업을 하는 방법이 있다.

이 두 가지 방법은 수익률을 극대화해주지만 그만큼 손품이 들어간다는 단점이 있다. 따라서 이런 방법을 적용한다는 가정하에 수익률과 손품은 반비례한다.

먼저 시간을 분할하는 방법은 아래와 같다.

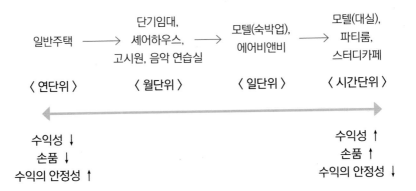

하나의 공간을 통으로 임대하면 가장 손품이 덜 들어간다. 하지만 그만큼 투자 대비 수익률이 낮아진다. 무리하게 대출을 받고 부동산을 매입했는데 팔지 않고 꼭 보유를 하고 싶다면, 단순 임대를 놓는 방법 외 다른 방법을 써서 이자를 내고도 충분한 수익을 만들어 내야 한다.

나 역시 처음 건물을 지었을 때 투자금 회수를 위해 대부분 전세로 세입자를 받았더니 현금흐름이 거의 발생하지 않았다. 이 때문에 1층 상가를 단순 임대를 놓지 않고 직접 파티룸을 운영하면서 시간 단위로 손님을 받았더니 수익이 훨씬 높아져, 대출이자를 내고도 많은 수익이 났다. 물론 단순 임대를 놓으면 신경 쓸 일도 없고 마음은 편하겠지만, 월세 수입이 대출이자도 못 내는 구조라면 이는 잘못된 투자이다. 따라서 손을 좀 쓰더라도 부채가 아닌 현금흐름이 나오는 자산의 구조로 만들어야 한다. 다행히 파티룸이나 에어비앤비가 예상대로 잘 되어 수익이 나온다면 다행이지만, 이것은 투자가 아닌 사업의 영역이기 때문에 리스크가 존재한다.

에어비앤비로 생계를 유지하던 친구가 있었는데 코로나 19로 손님이 기하급수적으로 줄면서 결국 다시 회사원(근로자)이 된 사례도 있다. 이처럼 수익성이 높으면 그만큼 안정성 측면에선 떨어진다. 이런 부분을 염두에 두고 자신이 감당할 수 있는 범위에서 최대한 레버리지를 해서 좋은(비싼) 부동산을 소유하고, 이를 유지하기 위해 처음에는 수익성을 높이는 방향으로 가야 한다. 하지만 점차 규모를 키우거나 자산이 불어나면 조금씩 리스크를 줄여서 그 수익을 안정화시킬 필요가 있다.

투자금 2억이 있다면?

	부동산	가격	자기자본	대출	이자	수익	남는 투자금	Next 투자 플랜
1번	오피스텔	2억	2억	0원	없음	보증금 1천만원 월세 70만원	1천만원 (보증금)	어려움
2번	3층 건물	10억	2억	8억	240만 원/월	3층 전세 1억 2층 전세 1억 1층 직접 사업	2억 (모두 회수)	쉬움

1번 – 2억을 수익율 4.4%짜리 부동산을 매입하면서 목돈을 현금흐름으로 교환한 것 뿐

2번 – 투자금 2억은 그대로 보존하면서, 10억짜리 부동산의 시세상승 기회를 계속 보유하면서도, 지속적인 투자 가능

만약 2억을 가지고 레버리지를 일으키지 않고 2억짜리 부동산을 사서 임대를 놨다면 수익의 안정성은 높겠지만, 2억이라는 자본금이 묶이게 될 테니 다음 투자 플랜을 짜기가 어렵다. 물론 매달 이자가 나가지 않으니 마이너스 구조가 나오진 않겠지만, 그냥 시장에서 통용되는

수익률 정도로 수익을 가져갈 확률이 높다. 하지만 8억을 대출받아 3층 건물의 10억짜리 부동산을 샀다면 매달 이자가 약 240만원(3.6% 기준)이 나갈 것이다. 그런데 2층과 3층은 전세 1억씩 임대를 놓고 2억을 모두 회수했다면 투자금이 전혀 묶이지 않고 다음 투자 플랜을 이어 나갈 수 있다.

근데 남은 1층을 단순 임대를 놓으면 240만원이라는 이자를 감당할 수 없다는 점이다. 이때는 1층을 시간적으로 분할해서 수익성을 높이는 방법이 있다. 만약 단순 임대를 났을 때 월세 100만원이라고 하면 매달 140만원이 마이너스이다. 하지만 파티룸을 하거나 에어비앤비를 돌린다면 240만원 이상의 수익을 낼 것이다. 다만, 앞서 말한 바와 같이 코로나 19 같은 리스크 요인으로 수익의 안정성은 떨어진다. 하지만 여기서 포인트는 수익률을 억지로라도 높여서 2억짜리 부동산이 아닌 일단은 10억짜리 부동산을 잡으라는 것이다.

부동산은 낮은 것의 머리를 잡는 것이 아니고 높은 것의 발목을 잡는 것이다. 어떤 수를 써서라도 높은(비싸고 좋은) 부동산의 발목을 잡아 함께 올라가는 것이다. 일단 발목을 잡아 놓고 그 부동산이 올라가면 같이 올라가는 것이고, 그사이 회수된 투자금 2억을 8억으로 불려서 대출 8억을 상환하면 대출 없이 온전히 자신의 것이 될 것이고, 그때 가서 안정적인 월세로 변환하면 된다.

'내가 8억을 벌어서 10억의 돈이 생기면 그때 사야겠다'고 생각하면 안 된다. 내가 8억을 벌 동안 그 부동산은 가만히 있을까? 그 부동산의 발목을 잡아 함께 올라가야 하는 이유이다.

발목을 잡아 회수된 2억을 8억으로 불릴 자신이 없는가? 만약 10

억짜리 부동산을 잡은 상태에서 그 부동산 시세가 계속 오르고 있다면, 무슨 수를 써서라도 8억으로 불리게 될 것이다. 아니 해야 한다. 일단 발목을 잡아 놓고 2억을 8억으로 만들어 대출상환 후 전세를 하나씩 월세로 바꿔 나가는 것이 자본주의를 효율적으로 이용하는 방법이다. 2억짜리 부동산보단 10억짜리 부동산이 더 좋을 것이고, 똑같이 2%가 상승하더라도 2억의 2%보단 10억의 2%가 더 이득이기 때문이다.

시간이 아닌 공간을 분할해도 수익성은 높아진다. 시간보다는 오히려 공간이 더 현실적인 방법일 수 있다.

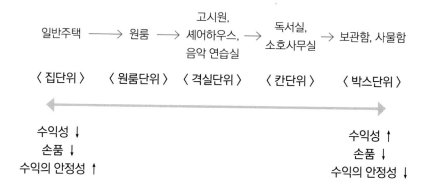

공간은 분할하면 할수록 수익률이 높아지는 것은 거의 진리 수준이다. 아직도 쪽방촌이 있는 이유이기도 하다. 10평 공간을 1명에게 전부 세를 주는 것과 1평씩 분할해서 10명에게 세를 주는 것은 당연히 월세의 차이가 날 수밖에 없다. 고시원이 강남 아파트보다 평 단가가 높은 것도 이런 원리이다. 하지만 1명에게 세를 줄 때보다 10명에게 세를 줄 때 손품이 더 많이 들어가는 건 어쩔 수 없다.

원룸이 좁은 이유도 마찬가지이다. 원룸건물을 건축하는 업자 입장에서 12평의 공간에 6평짜리 1.5룸 2개를 만드는 것보다 4평짜리 원룸 3개를 만드는 것이 더 수익이 높을 것이다. 원룸에서 더 분할이 들어가면 3평 이하 고시원이나 셰어하우스가 있을 것이고, 2평짜리 음악 연습실, 0.6평짜리 독서실이나 소호사무실 1칸까지도 분할이 가능하다. 요즘엔 워낙 좁은 공간에 사는 1인 가구가 많다 보니 짐을 보관해 주는 창고서비스까지도 등장했다. 이런 경우 작게는 사물함 단위도 공간을 임대해 주고 비용을 받기도 한다. 물론 분할이 되면 손품 정도가 아닌 사업의 영역이긴 하지만 부동산 투자자라면 기본적으로 공간임대업에 대한 기본 마인드를 탑재하고 있어야 한다.

돈을 창고에 쌓아 놓고 저 넓은 논밭을 사서 100년 뒤에 개발될 것을 기다릴 것이 아니라면, 결국 부동산 투자의 본질은 투자한 부동산(공간)을 활용해서 어떻게 수익을 극대화하고(거위가 황금알을 최대한 크게 낳을 수 있게 하는 것), 그 부동산의 가치가 정점에 달했을 때 매도해서 차익을 남기는(거위가 더 늙기 전에 남에게 파는 것) 행위이다. 거위가 황금알을 낳게 하기 위해서는 사료도 줘야 하고 물도 줘야 한다. 그것이 취득세, 보유세, 수리비 등일 것이다. 사료값이 아까워서 황금알을 포기할 것인지 잘 생각해봐야 한다.

손품을 통한 수익률 극대화
무인사업

부동산을 임대하지 않고 자신이 직접 임차인이 되어 사업을 하는 방법도 있다.

조물주 위에 건물주라는 말이 있다. 임차인은 힘들게 일해서 돈 벌고, 건물주(임대인)는 가만히 앉아서 돈을 벌기 때문에 생긴 말이다. 하지만 요즘엔 세상이 달라졌다. 온라인 상권이 강화되면서 오프라인 상권이 급격히 쇠퇴하고 있다. 임차인이 없으면 건물주는 더 이상 조물주 위의 건물주가 아니다. 임차인이 돈을 잘 벌어야 임대인도 먹고 사는 것이다.

그런데 최근 오프라인 상가 공실이 많이 발생하면서 임대인(건물주)도 다른 방법을 찾기 시작했다. 바로 자신이 직접 임차인이 되어 자영업을 하기 시작한 것이다. 기존 임차인과 다른 점이 있다면 자신이 임대인이자 임차인이기 때문에 임대료 비용이 없거나 적다는 점이다. 만약 건물에 대출이 있다면 이자 정도가 필요할 것이고, 대출이 없다면 장사가 되든 안되든 벌리는 만큼 수익으로 가져갈 것이다. 다만 자영업을 할 때, 임대료 이상의 비용이 발생하는 것이 직원 인건비다. 최저임금이 계속 상승하면서 알바나 직원보다 오히려 돈을 못 버는 사장이 생겨나기도 했다. 이 때문에 안정적인 소득에 익숙했던 건물주들은 최대한 인건비가 발생하지 않는 업종으로 창업하면서 공실에 대응한다고 한다.

이렇게 건물주가 자기 건물에서 직접 무인사업을 창업하면 임대료와 인건비를 이미 빼고 시작하기 때문에 굉장히 유리한 위치에서 할 수 있다. 대표적인 것이 무인 빨래방, 인형 뽑기, 무인 편의점 등인데 당연히 임대를 놓는 것보단 훨씬 신경이 쓰이고 손품이 많이 들어갈 것이다. 하지만 오프라인 상가의 공실증가 및 수익성 증대 측면에서는 오히려 더 나은 선택지가 될 수도 있다.

여기서 포인트는 무인사업을 하기 위해 부동산을 매입하면 안 된다는 것이다. 무인사업은 차선책이 되어야 한다는 의미이다. 일단 부동산 자체의 가치판단을 하고 향후 시세차익이나 임대 시 충분한 수익일 날 것인지 충분히 검토하고 투자를 해야 한다. 만약 부동산을 매입했는데 임대가 잘 맞춰지지 않거나 또는 임대수익 이상의 수익을 내고자 할 때 무인사업을 검토하는 것이 순서이다.

나 역시 건물을 신축하고 1층에 무인으로 파티룸을 운영하고 있지만 이는 단순히 수익률을 높이기 위한 방법일 뿐, 파티룸을 하기 위해 건물을 지은 것은 아니다. 내가 보유한 건물의 입지는 주거지역이기 때문에 오히려 파티룸을 운영하기엔 적합한 입지가 아니다. 만약 파티룸

창업 자체가 목표였다면 상업지역이나 유흥지역에 부동산을 매입했거나, 부동산을 임차해서 운영했을 것이다.

100% 투자행위만으로 큰 부자가 되기는 어렵다. 간혹 운이 좋아서 투자로 대박 난 사례가 있긴 하지만 극히 일부일 뿐이다. 투자는 나의 근로행위를 대체해서 시간적 자유를 주고, 자산을 지속적으로 불려주는 것이다. 투자자라면 이런 투자를 기반으로 사업적 행위를 통해 더 빠르게 부자가 되어 경제적 자유까지 얻도록 해야 한다.

우량 임차인 모시기

개발투자는 주거용 부동산 외에도 상업용 부동산에서도 가능하다. 앞서 말한 리모델링과 신축은 당연히 해당하며 임차인을 활용한 개발이 가능하다.

주거용 부동산은 임차인이 누구냐에 따라 부동산의 가치가 영향을 받지 않지만, 상업용 부동산은 임차인이 어떤 업종이고 어떤 업체인지에 따라 가치가 달라지기도 한다. 건물의 노후화는 의외로 큰 영향이 없다.

주거용 부동산은 사는(Live) 것이기 때문에 컨디션이 중요하지만, 상업용 부동산은 건물이 노후화되더라도 어차피 임차인들이 알아서 인테리어 공사를 하고 들어오기 때문에 입지와 수익률만 좋으면 된다. 물론 같은 값이면 다홍치마라고 동일한 입지라면 신축이 좋다. 하지만 입지와 수익률이 가치의 전부라고 해도 과언이 아니다.

입지는 개발로 할 수 있는 영역이 아니고 처음부터 잘 사야 한다. 따라서 수익률을 높여야 하는데 수익률을 높이는 방법은 임차 구성을 바꾸는 것이 있다. 조금 지난 얘기이긴 하나 대표적인 사례가 박명수의 스타벅스 입점 투자이다.

박명수의 아내는 2011년 4층짜리 건물을 29억에 매입했고, 임차 구성을 스타벅스로 바꿨다. 월세도 당연히 기존대비 수백만원이나 올랐으며, 매입 3년 만에 약 46억원에 매도했다. 연예인이라는 특성과 단위 금액이 커서 유명한 사례가 되어 일반인이 할 수 없는 영역이라고 생각할 수도 있지만, 굳이 스타벅스까지 가지 않더라도 이런 방법을 통해 상가를 개발해서 수익을 내는 사람이 많다.

경매나 일반매매로 공실인 상가를 저렴하게 매입한(통상 공실인 경우 수익률이 불명확하거나 당장 수익이 보장되지 않아 일반적으로 매입을 꺼리므로 저렴하게 매입할 여지가 있다.) 이후 우량한 임차인을 맞춘 후 그 수익률에 맞는 가격으로 파는 방법이다.

이는 수익형 부동산의 대표적인 상업용 부동산을 가지고 차익형으로 수익을 내는 방법이다. 다만, 상업용 부동산의 경우 임차구성보다는 입지의 영향력이 훨씬 크기 때문에 기본적으로 좋은 입지를 보는 눈을 키우고, 경매 등 기술투자를 통해 저렴하게 매입하는 것이 중요하다.

7장

★ ★ ★ ★ ★

부동산 투자의 끝판왕
공급자를 향하여

1단계

저축보다 대출이 돈을 키운다

저축이 필요한 건 분명하다. 앞에서 여러 차례 말했듯이 최소한의 종잣돈은 필요하며, 저축을 통해 형성된 투자금의 소중함을 알아야 신중한 투자를 할 수 있다.

그렇다고 5년 동안 1억을 모을 필요는 없다. 물론 1억을 모으면 좋겠지만 1억을 모으기 위해 5년이라는 젊음의 시간을 회사에 바치겠다는 생각은 지양해야 한다. 만약 3년 동안 5천만원을 모으고 나머지 5천만원은 신용대출을 받았다면, 5년간 1억 모으는 것보다 2년 먼저 투자에 임할 수 있기 때문이다. 2년이라는 시간은 남자가 군대 다녀오고도 남는 시간이다. 누구는 2년 금방 간다고 하지만 2년이면 꽤 많은 투자 활동을 할 수 있고, 1억을 1억5천만원으로 만들기엔 충분한 시간이다. 사실 그 이상의 성과도 충분히 낼 수 있다.

2년간 5천만원에 대한 이자를 내야 한다고 생각하겠지만, 5천만원에 대한 이자는 4% 잡아도 1년에 2백만원이다. 2년이면 4백만원이다. 만약 정 불안하면 5천만원 대출받아서 4백만원 빼고 4천6백만원만 투자에 활용하는 방법도 있다.

5천만원 대출은 돈을 빌리는 것이 아니고 2년이라는 시간을 사는 것이다. 특히 직장인일 때는 신용이 좋으므로 연봉의 2배까지도 대출이 나온다. '대출받아서 성공 보장도 없이 투자하라는 말이냐?' 생각하는 사람이라면 아직 자본주의를 제대로 이해하지 못한 것이라고 감히 생각한다. 분명히 강조하지만 대출이 위험한 것이 아니다. 그 대출받은 돈으로 잘못된 투자를 하는 무지한 본인이 위험한 것이다. 공부를 해서 리스크를 최소화하는 것이 기본인데 그것을 간과하고 무조건 대출이 위험하다고 주장하는 것 자체가 위험하다.

신용대출 외에도 자신이 깔고 앉아있는 전세보증금이나 주택을 활용해서도 투자금을 빠르게 융통할 수도 있다. 또한 회사 임직원을 위한 복지 차원에서 초저금리로 대출을 해주는 회사도 있다. 내가 생각하는 직장인의 유일한 장점은 바로 안정적인 수입에 기반한 신용이다. 회사에 이용당하지만 말고, 이용할 줄도 알아야 한다. 회사의 소속된 상태에선 그 장점을 최대한 활용해서 궁극적으론 회사로부터 독립하는 것이 자신의 실속을 차리는 일이다.

나는 결혼하면서 아내와 모은 1억을 가지고 시작했다. 그 당시엔 레버리지 마인드가 부족해서 1억을 대출받아 경기도에 2억짜리 전셋집을 신혼집으로 택했다. 당시 아내가 안정적인 주거와 투자에 대한 필요성을 말해주면서 신용대출 8천만원을 받아 투자를 하기 시작했다. 지금 생각하면 당시 아내 말을 듣기를 참 잘했다고 생각한다. 비록 처음엔 가진 돈을 모두 엉덩이(전세보증금)에 깔고 앉았지만, 투자를 위한 종잣돈 8천만원을 100%를 신용대출로 받아 사용하면서 성과를 이룰 수 있었다. 만약 그때 아내 말을 듣지 않고 8천만원을 저축으로 모아서 시작하려고 했다면 아마 지금의 나와 이 책은 없을 것이다.

2단계
제대로 된 투자, 법인을 설립하라

　최근 법인을 설립해서 법인 명의로 부동산 투자하는 사례가 많아지고 있다. 2017년 정권이 바뀐 이래 개인 명의의 부동산 투자 규제가 강화하면서, 각종 규제를 회피하기 위한 목적으로 1인 또는 2인이 법인을 설립해서 법인 명의로 부동산에 투자하는 것이다.

　법인(法人)은 법적으로 사람과 같기 때문에 법적 소송도 할 수 있고, 부동산도 매매할 수 있다. 하지만 최근엔 정부에서 이런 현상을 파악하고 부동산 법인이 투자하는 행위도 강력하게 규제하고 있다. 결과적으로 법인의 아파트 투자 역시 이제는 어려워졌다. 법인 투자의 장점과 단점이 있었지만, 정부의 추가규제로 장점이 사라지면서 단점만 남게 되어 많은 법인 투자자들이 고민하고 있다.

　이런 상황에서 법인을 설립해야 할까? 말아야 할까? 나의 정답은 그럼에도 불구하고 법인은 '필요하다'이다. 만약 주택 2~3채 정도 사서 임대 놓고 평생 직장 다니면서 가지고 있다가 퇴직 후 팔아서 노후준비에 보탤 생각이라면 법인을 설립하면 안 된다. 그런 생각이라면 애초에 이 책을 사지 않았거나, 지금까지 이 책을 읽고 있지 않을 확률이 높다.

내가 말하는 건 아파트 1~2채 사는 것이 목표가 아니다. 물론 당장 작은 목표는 내 집 마련과 부동산 투자의 첫발을 떼는 것이지만, 궁극적으로 지향하는 목표는 진정한 자유와 한번 사는 인생 자신이 진정하고 싶은 일을 하면서 살아보겠다는 것이어야 한다. 물론 처음엔 개인 명의 또는 개인사업자로 투자하다가 법인으로 전환하는 것도 좋다.

나 역시 처음에는 개인 명의로 투자를 했다. 그런데 만약 확고한 의지와 목표가 있다면 처음부터 법인을 설립해서 투자를 해보기를 추천한다. 법인은 법인대로 투자를 하면서 개인 명의는 무주택으로 남겨놓아 청약을 노려보는 전략을 구사하는 등, 다방면의 투자전략을 짤 수도 있다. 레버리지를 잘 활용하는 것 외에도 법인을 설립해서 부동산 투자를 하는 것이 결국 자본주의를 제대로 활용하는 방법이다.

많은 사람들이 직장에서 사규로 정하고 있는 겸업금지 조항을 걱정한다. 하지만 걱정할 필요 없다. 우선 자신이 설립한 법인으로부터 급여를 받지 않으면 개인의 추가소득이 없으므로 연말정산 하면서 겸업을 들킬 우려가 없다. 그럼에도 걱정이 된다면 자신이 설립은 하되 아내나 가족 중 한 명을 대표이사로 등재하면 된다. 직장인이 주식투자를 해도 되는 것처럼 자신이 설립한 법인의 대주주가 되는 것은 문제가 되지 않는다. 다만 대표이사라는 직책을 겸직하는 것이 문제일 뿐이다.

겸직이 법으로 금지되어 있는 공무원의 경우는 아내나 가족을 대표로 두는 방법을 추천한다. 하지만 투자를 하면서 대표이사가 남일 경우 불편한 일이 많다. 부동산 매매, 대출, 입찰, 은행업무 등 투자에 수반되는 다양한 활동을 할 때마다 대표이사가 동행하거나 위임장을 지참해야 한다. 따라서 법률이 아닌 단지 사규로 겸직을 금지하고 있는 일반 기업 소속일 경우엔 그냥 설립하는 것이 낫다고 생각한다. 어차피 회사를 나와서 자유인이 되고자 투자를 하는 것이고, 투자를 하기 위해 법인이 필요한 것인데, 회사에 들켜 해고될 것을 우려해서 법인 설립을 못 하는 것은 논리적으로 앞뒤가 맞지 않는다.

많은 투자자들이 아파트 위주로 투자하다 보니, 법인의 주택(아파트) 투자에 대한 규제가 강하다. 내가 추천하는 건 부동산 투자와 사업이지, 주택(아파트)만의 투자가 아니다. 단지 아파트를 몇 개 사고 싶은데 개인으로는 대출이 나오지 않으니, 법인 설립해서 몇 개 사보고 말 것 같으면 그냥 안 하는 게 낫다. 정부 규제를 회피하기 위한 목적으로만 법인을 설립하지 말라는 의미이다.

투자의 궁극적 목표는 직장에서 벗어나 시간적 자유를 얻고, 이를 기반으로 지속적인 투자와 사업으로 경제적 자유까지 얻는 것이 목표이다. 그렇다면 물론 주택(아파트)투자도 하겠지만, 토지, 상가, 지식산업센터, 고시원, 신축, 리모델링 등 다양한 투자와 사업으로 확장할 필요가 있다.

시작은 형식적인 1인 법인의 대표이사일지라도, 결국 진정한 회사(법인)의 대표이사가 되겠다는 마인드로 접근하자.

3단계
아파트 GAP 투자는 선수들의 영역이다

바로 앞에서 "주택 2~3채 정도 사서 임대 놓고 평생 직장 다니면서 가지고 있다가 퇴직 후 팔아서 노후준비에 보탤 생각이라면 법인을 설립하면 안 된다"고 했다. 동시에 될 수 있으면 법인을 설립하라고 권장했다. 이 말을 조합하면 주택(아파트) 투자가 시간적 자유를 얻는데 독이 될 수도 있다는 의미이다.

내가 입주권을 사면서 모르고(?) 유주택자가 되었을 때, 청약에 대한 계획이 틀어지면서 아파트 GAP 투자를 시작했다. 이후 GAP 투자를 지속적으로 하지 않고 바로 다른 방법을 택했던 것은 바로 시간적 자유를 얻는데 많은 제한이 따랐기 때문이다.

아파트 특성상 가격이 비싸기 때문에 GAP 투자라는 것을 전제로 설명을 해보겠다. GAP 투자는 특성상 나의 자본금이 묶일 수밖에 없는 구조이다. 내가 가진 투자금의 전부를 GAP 투자에 썼다면 그다음은 뭘 할 것인가? 애초에 자본금이 많아서 24억 정도 있다면, GAP이 1억원 짜리 인 아파트를 한 달에 한 개씩 24개월 동안 사면서 풍차 돌리기를 할 수는 있겠다.

예전에 〈나는 GAP 투자로 ○○○채의 집주인이 되었다〉와 같은 책들이 나오기도 했지만 내 생각엔 이런 방식은 현실적으로 어렵다고 본다. 간혹 선대출 깔고 전세보증보험을 활용해서 GAP을 극도로 줄이거나 심지어 GAP 없이 매입하는 경우도 있지만, 일반적인 투자라고 보긴 어렵다. 아울러 그 투자금이 회수되기 위해서는 2년 뒤 전세시세가 올라 전세보증금을 올려야 가능하다. 이마저도 시세가 하락하면 오히려 돈이 더 묶이고 만다.

지속해서 얘기하지만 돈보다 중요한 것이 시간이다. 나는 저축하는 시간 2년을 벌기 위해 신용대출을 받으라고 설명했으며, 2년이면 매우 긴 시간이므로 많은 투자를 할 수 있다고도 했다. 또한 책의 초반부에서 말했듯, 투자금이 묶인 상태로 오랜 시간이 지나면 부동산 시장에 대한 관심도가 떨어져 지속적인 투자로 이어지지 않을 수 있다고도 했다. 그럼에도 불구하고 이런 GAP 투자 방식을 고수한다면 계속 직장에 다닐 수밖에 없다.

시간적 자유를 얻기 위해서는 자신 월급을 대체할 현금흐름이 필요하다. 물론 2년, 4년, 6년, 8년 기다리면서 아파트 GAP 투자만으로 큰 차익을 내고, 그 자금을 수익형으로 바꾸면서 시간적 자유를 얻을 수도 있겠지만, 그것은 빠른 방법은 아니다. 당장 하루하루 직장 다니기 힘들어 죽겠는데 2년, 4년을 직장 다니면서 전세시세가 오르기를 기대하는 투자방식은 분명 쉽지 않은 길이다.

그래서 대부분의 아파트 GAP 투자자들은 단기매매, 소위 단타치기를 많이 한다. 주식과 마찬가지로 초보일수록 장기투자를 하는 것이 맞고, 선수일수록 단기투자를 하는 것이다. 선수들은 GAP 투자로 투자금은 최소화하면서 1년 이내에 시세차익을 얻고 매도하는 방식의 투자를 한다. 1년 이내 매도할 경우 양도소득세가 많이 나오기 때문에 법인으로 이런 투자행위를 하는 것이다.

앞에서 아파트를 어디에 사야 하는가를 설명했다. 너무나도 당연한 말이지만 아파트는 오르는 곳에 사야 한다. 아파트는 개인이 시세 상승에 미칠 수 있는 영향력이 전무한 100% 미래가치형 투자이다. 따라서 차트나 지표 등을 통해 오르는 지역을 예측해서 투자해야 하고, 이를 위해서는 전국을 무대로 삼아야 한다. 또한 차트 변동 등 지속적으로 아파트 시세나 호재에 관심을 가지고 있어야 해서 나는 이를 부동산계의 주식투자라고 생각한다. 실거주자가 아닌 이상 지방 부동산이 선수들의 영역인 이유이기도 하다.

이처럼 아파트 투자는 시간이 많아서 전국 어디든 언제든지 임장 갈 준비가 되어있고, 적시에 바로 계약할 수 있는 총알이 준비된 자가 하는 투자라고 생각한다. 배우자가 열심히 일하면서 가정의 생계를 유지하고 있고, 자식은 성장해서 크게 손이 가지 않는 상황이라면 남은 한 명의 배우자가 이런 투자를 하기에 아주 적합하다. 이런 사람들은 배우자를 통해 이미 시간적 자유를 얻었기 때문에 투자에 집중할 여력이 되고, 굳이 수익형을 통해 당장의 현금흐름을 만들 필요도 없다. 배우자가 퇴직할 때까지 차익형 아파트 투자만 지속적으로 하면서 자산을 불리면 되는 것이다. 하지만 대부분이 맞벌이를 할 수밖에 없거나,

부장님보다 돈 잘 버는 직장인의 부동산 투자

자신이 일을 그만두지 못하는 상황일 것이다.

어차피 부동산은 오르고 인구는 수도권에 집중되니, 수도권에 사 놓고 오래 기다리면 된다고 생각하는가? 당연히 된다. 오히려 좋은 지역에 장기투자하는 것이 바람직한 투자이다. 다만, 당신이 계속 직장에 다녀야 한다는 전제가 수반될 뿐이다.

4단계
백 권의 책보다 한 번의 실전 경험

　내가 아파트 GAP 투자를 지속적으로 하지 않고, 법인을 설립해서 처음 투자했던 건 바로 경매였다. 부동산 투자 경험이 없다고 해서 건물주가 될 수 없다는 법은 없다. 다만, 나는 최소한의 경험은 필요하다고 생각하며, 그 최소한의 경험이 바로 경매라고 본다.

　주거용 건물주가 되려면 아파트나 빌라를, 상업용 건물주가 되려면 상가를 낙찰받아 대출, 잔금, 명도, 수리, 임대, 매도까지 한 바퀴 이상은 꼭 돌아보는 걸 추천한다. 물론, 경매 외에도 일반 GAP 투자, 분양권, 입주권, 상가 등 다양하게 해보면 좋지만 가장 좋은 한 가지를 선택한다면 경매라고 생각한다.

　건물을 지어서 건물주가 되는데 최소한의 경매 경험이 필요한 이유는, 경매는 부동산의 전반적인 이해와 경험을 두루두루 할 수 있는 최적의 경험이기 때문이다. 부동산이 경매로 나오는 이유의 이해, 법원

부장님보다 돈 잘 버는 직장인의 부동산 투자

감정가를 통해 대지와 건물을 구분해서 가치를 산정하는 능력, 선순위 등 권리관계에 대한 이해, 경락잔금 대출 경험, 명도와 임대를 통한 임차인 이해, 임대차 계약 경험 및 임대시세 파악능력, 인테리어를 통한 건축에 대한 최소한의 이해, 매도를 통한 매매시세 파악 능력 등등, 낙찰 1번 받아서 매도하기까지 이루어지는 모든 절차만 제대로 경험해도 부동산 투자에 필요한 거의 모든 것을 접하게 된다.

건물주가 된다는 것은 단순히 건축행위를 하는 것이 전부가 아니다. 단순 건축행위 자체는 시공사와 도급계약을 통해 맡기면 되는 하나의 과정에 불과하다. 최초 토지 매입부터 준공 후 임대 및 관리까지 모든 절차를 해보면 신축이 왜 부동산 투자의 끝판왕인지 알 수 있다. 꽤나 큰 금액과 리스크를 걸어야 하는 신축투자를 행동으로 옮기기 전에 필요한 경험을 쌓는 데는 경매만 한 방법이 없는 것이다.

나의 경우 이미 개인 명의로 분양권, 입주권, 아파트, 오피스텔, 토지 등 기본적인 부동산 종목 경험을 쌓아서 경매 접근이 어렵진 않았다. 따라서 별도의 오프라인 강의를 듣진 않았고 권리분석에 대한 공부도 책과 인터넷 강의를 통해 익혔다. 경매공부는 출퇴근 시간 전철에서 모바일로 강의를 듣거나, 퇴근 후 아이를 재우고 밤늦게 책으로 공부를 했다. 임장은 주말에 아내와 아이를 데리고 나들이 삼아 했으며, 평일 새벽에 나와서 출근길에 임장 하거나, 퇴근길에 임장하고 집에 오곤 했다.

경매는 평일에 법원에서 진행하기 때문에 오전 반차를 내거나, 법원 근처에서 거래처와 약속을 잡는 방식으로 임했다. 낙찰 후 점유자를 명도하거나, 법원 또는 은행업무를 위해 움직일 때는 최대한 점심시간을 활용했다.

투자금이 많지도 않았지만 일단 첫 경험이었기 때문에 서울의 싸고 낡은 빌라 위주로 입찰했다. 막상 낙찰받고 명도를 하려고 보니 법인이 도움이 되었다. 내가 설립한 법인으로 명함을 만들었고, 직급은 대표이사가 아닌 명도담당 또는 부장으로 했다. 점유자와 협상할 때 불리한 조건이면 가상의 대표이사를 언급하면서 당장의 의사결정을 피했고, 어려운 요구를 할 때 역시 가상의 대표이사를 총알받이로 세우고 원만하게 협상을 이끌어 갈 수 있었다. 인테리어 업체나 부동산 직원을 대동하고 명도할 때도 있었는데, 그럴 땐 회사직원인 것처럼 해서 규모가 큰 법인이 낙찰받은 것으로 오인하게 해서 심리적 압박을 주기도 했다. 이렇게 사소한 팁을 습득하는 데는 책 100권을 읽는 것보다 한 번 경험하는 게 훨씬 빠르고 효율적이다. 책을 통해 기본을 다졌다면, 경험을 통해 빠르게 마스터하는 것이 낫다.

여하튼 나는 낡은 빌라를 낙찰받아 리모델링한 후에 낙찰가보다 높은 가격에 전세를 놓거나 월세를 놓았고, 그 상태에서 더 가격을 올려 매도하는 방식으로 차익을 남겼다. 인테리어 공사는 업체에 도급으로 맡겼다. 셀프로 하면 비용이 절감되지만, 직장인으로서 돈보다 시간이 더 중요했기 때문에 일괄로 업체에 맡겼다. 다만 바가지를 쓰지 않도록 인테리어 공부를 했고, 내가 직접 스펙을 정하고 예가를 산정한 후에 업체에 견적요청을 했다.

경매투자 후에는 노후화한 다가구를 매입해서 용도변경, 리모델링, 상가임대, 셰어하우스 등을 검토했고, 이를 통해 건축물에 대한 이해도를 높이고 사업에 대한 마인드를 조금씩 쌓을 수 있었다. 실제 내가 토지(노후 다가구)를 매입한 상황에서 검토한 터라 지식 체득이 훨씬 빠르고 효과적이었다. 3개월간의 검토행위를 하면서 나름의 자신감이 생겼고, 이를 바탕 삼아 신축을 하기로 마음먹고 행할 수 있었다.

여하튼 법인으로 경매투자 후 집을 수리해서 임대하고 매도했던 경험은, 신축을 결정하는데 있어 마인드 측면이나 경제적 측면에서 큰 도움이 되었다. 물론 경매를 수십 년 했거나, 수백 번 낙찰 받아 본 전문가에 비하면 나 정도는 아무것도 아니다. 하지만 0-1의 차이와 1-2의 차이는 천지 차이라고 본다. 물론 전문가처럼 숫자가 만 단위로 올라가면 또 다른 천지 차이가 되겠지만, 0과 1의 차이는 엄청난 차이이다.

모든 분야에서 만 단위를 찍을 필요는 없지만 1은 해보고 다음 종목으로 넘어가는 것을 추천한다. 나도 수십 번 입찰한 경험이 있지만, 낙찰 경험은 고작 10번도 안 된다. 하지만 경매에 임할 때 아파트 투자 경험이 도움이 되었던 것처럼, 신축할 때도 경매 경험이 큰 도움이 되었다.

초등학교 산수를 배우고, 중학교 방정식을 배워야, 고등학교 미적분을 풀 수 있는 교육과정처럼 부동산이 꼭 단계가 정해져 있는 것은 아니다. 다만 보편적인 난이도, 자본금의 규모, 투자자의 마인드에 따른 단계는 있다. 월세 계약도 안 해본 대학생이 시공사를 만나 건물 짓고 분양하는 작업을 할 수 있을까? 대학생도 성인이기 때문에 돈만 있다면 불가능한 것은 아니다. 다만, 단계별로 하나씩 0에서 1로 바꾸고 임한다면 좀 더 효율적이고 안전하게 진행할 수 있다.

5단계
부동산 공급자로 차익+수익+노후준비를 한 방에

부동산 투자가 아니더라도 돈을 벌기 위해서는 공급자 마인드를 가져야 한다. 부동산을 하나의 유통업으로 봤을 때 집을 분양받는 수분양자는 최종 소비자이다. 소비자는 토지비+시공비+부대비용+세금과 함께 공급자의 마진 등을 포함한 금액을 지급하고 자신의 집을 얻는다. 공급자는 원가에 자신의 마진을 더해 판매함으로써 이익을 남긴다.

이처럼 부동산에서 부를 창출하기 위해서는 소비자가 아닌 공급자가 되려고 노력해야 한다. 누군가가 지어 놓은 건물의 일부(아파트 204호, 빌라 301호, 구분상가 501호 등)를 가지려고 하지 말고, 그 건물을 지어서 공급하겠다는 큰 생각을 가질 필요가 있다. 이 부분은 앞에서도 언급했지만, 매우 중요한 내용이라 한번 더 강조한다.

누구나 아는 내용인데 돈이 없는가? 돈이 없어서 문제지, 돈만 있으면 누가 건물주 좋은 걸 모르겠냐고 말할 수도 있다. 하지만 많은 부동산 공급자가 그렇고 나 역시도 돈 없이도 신축을 했다. 돈이 없으면 돈을 빌려야 하는데 일반 아파트나 빌라는 신용대출이나 주택담보대출이 전부이다. 하지만 신축은 레버리지를 할 요소가 더 많고 자금 조달할 요소가 많아서 전체규모 대비 돈이 적게 들고 심지어는 자본금이 추가로 생긴다.

나는 5천만원을 경매를 통해 1억으로 만들었다. 대부분은 1억이면 다세대나 오피스텔, 또는 신용대출 받아서 아파트에 투자할 것이다. 하지만 나는 1억을 추가로 대출받아 총 2억을 가지고 4억3천만원짜리 노후 다가구를 샀다. 계약금으로 5천만원을 쓰고 잔금 지급을 6개월 뒤로 잡았다. 일단 계약하고 생각하기로 했다.

대출이 3억6천만원이 나와서 잔금을 내는데 1억원이 채 들지 않았다. 당시 서울에서 주택을 사면 40%밖에 대출이 안 나왔지만, 신축을 목적으로 대출을 받으면 80%가 전부 나온다. 그것도 방 공제 없이 다 나온다. 국가에서 투기꾼 잡는다고 대출규제를 하지만, 새집을 지어서 주택을 공급한다고 하면 국가에서 할 일을 대신해 준다면서 아낌없이 대출해준다.

토지 매입가 외에 건축자금이 약 4억6천만원이 필요했는데 그중 2억6천만원을 은행에서 시설자금대출이라는 명목으로 조달했고, 나머지 2억은 시공사 외상공사로 진행했다. 신용대출로 조달했던 1억은 설계비, 감리비, 금융비용 등 부대비용으로 사용했다.

이렇게 신축을 하더라도 내 자본금 2억(자기자본 1억원+신용대출 1억원)이 묶이는 셈이다. 하지만 신축은 준공 후 임대를 놓는다. 대부분 월세로 놓으면서 월세를 받아 은행 이자를 내고 남은 돈을 가져가는 수익형으로 세팅하지만, 나는 모든 방을 전세로 맞췄다. 당시 원룸 전세가는 1억4천만원이었고, 세입자 대부분은 전세자금 대출을 받아서 들어온다. 국가에서 투기꾼 잡는다고 대출규제 하지만, 청년들의 주거 안정을 위한 저금리 전세자금대출은 아낌없이 해준다. 그렇게 받은 전세보증금은 내 통장으로 들어왔다. 신축에 필요한 모든 대출을 국가에서 팍팍 지원한 셈이다.

그렇게 모두 전세로 임대를 놓으면, 외상으로 시공했던 대금 2억원을 상환하고 나의 자본금 2억도 물론 회수되면서 추가로 2억이 더 통장에 들어왔다. 그래서 6개월 만에 건물 한 채를 소유하면서 동시에 통장 잔고는 2억에서 4억으로 만들 수 있었다. 나는 그 4억을 기반으로 더 큰 건물을 지었으며, 마찬가지 방식으로 모두 전세로 임대를 놓고 8개월 만에 4억을 추가로 만들어 총 8억을 만들었다.

대출과 전세로 생긴 돈이면 어차피 상환하거나 돌려줘야 할 돈이니 자기 돈이 아니라고 생각하면 안 된다. 만약 신용대출을 받아서 2천만원이 생겼다고 가정해보자. 그 돈은 내 돈일까? 은행 돈일까? 만약 은행 돈이라면 내가 그 돈으로 차를 사든 옷을 사든 가만히 둘까? 근데 은행은 가만히 둔다. 다만 그 돈에 대한 사용료(이자)만 내라고 한다. 전세보증금은 사용료(이자)가 없는 대출이다. 결국 내 통장에 들어와서 내가 활용할 수 있다면 내 돈이다. 다만 그 돈으로 떡을 사 먹거나 포르쉐를 뽑아서 가치가 심각하게 하락한다면 문제는 달라진다. 당연히 그 가치를 보존하거나 증대할 만한 곳에 투자를 해야 한다.

일단 레버리지를 최대한 이용해서 돛을 크게 펴야 한다. 인플레이션이라는 바람이 불 때 최대한 넓은 면적으로 바람을 받아 나아가려면 일

부장님보다 돈 잘 버는 직장인의 부동산 투자

단 남의 돈을 활용해서 부동산의 발목을 잡아 두는 것이 중요하다. 그리고 8억으로 포르쉐를 사지 말고 다른 투자를 해서 자산을 계속 불리는 것이다. 그 불린 자산으로 전세를 하나씩 월세로 바꿔 나가면 된다.

부동산을 일단 소유하면서 인플레이션 바람을 최대한 오래 받고자 발목은 잡아 두고, 천천히 무릎부터 머리까지 올라가면 된다. 결국 모든 방을 전세에서 월세로 바꾸면 그 건물은 수익형으로 바뀌어 있을 것이고, 그 시간동안 그 건물의 가치는 수억 또는 수십억이 올라있을 것이다. 이것이 바로 차익과 수익, 그리고 노후대비까지 준비하는 플랜이다.

굳이 나만큼 공격적이지 않아도 좋다. 30대에 직장 다니면서 2~3억을 준비하고 나머지 금액은 가용한 모든 레버리지를 동원해서 건물을 잡는 것이 포인트이다. 이때 공급자가 되어야 하기 때문에 누가 지어 놓은 건물을 매입하지 말고, 건물을 지어야 한다. 그래야 원가에 사는 꼴이고 건축하는 과정에서 레버리지를 더 많이 받을 수 있다. 만약 이런 과정을 반복적으로 하거나 다른 투자와 병행해서 조금 빨리 키워 나간다면, 굳이 정년까지 직장을 다닐 필요가 없는 것이다.

추가로 생긴 자산을 불려 전세를 월세로 전부 바꾸기만 하면, 남들 60세 정년퇴직 이후에나 겨우 할 일을 40대에 끝내 놓는 셈이다. 나머지 20년은 놀거나 아니면 더 부자가 되기 위해 노력하거나 선택만 하면 된다. 그런데 통상 이 정도까지 이뤄 놓은 이들은 주변에서 놀라고 해도 놀지 않는다. 처음 눈을 뭉쳐서 굴리는 게 어렵지, 일단 굴리기만 하면 그 눈덩이가 알아서 커지는 건 시간문제일 뿐이다.

부동산 투자로 이루는 자신이 원하는 삶

나의 가장 친한 친구 중 한 명은 고등학교 친구이자 같은회사 동료이기도 하다. 그 친구는 맞벌이를 하면서 한 명의 자녀를 키우고 있다. 비록 작지만 서울에 아파트도 장만했다. 그 친구는 축구, 컴퓨터게임, 골프를 좋아해서 시간이 날 때마다 취미를 즐긴다. 그 덕분에 몸도 건강하고 항상 활력이 넘친다.

이 친구는 직장에서 스트레스받지 않고 60세까지 다니는 것이 목표라고 한다. 이런 친구의 가치관과 생각이 잘못됐다고 생각하지 않는다. 현재의 일과 취미를 즐기면서 오늘에 만족하는 것도 삶의 좋은 선택일 수 있다.

나는 직장에 다니면서 골프도 치지 않았고, 시간만 나면 오로지 돈만 생각하면서 모든 것을 투자와 관련된 일을 했다. 이 때문에 직장 다니면서 원만한 취미생활이나 관계 형성을 하기엔 어려웠다. 그렇게 몇 년이 지나고 나는 60세까지 20년 넘게 남았지만 매일 출근하지 않아도 된다. 친구가 주말에 어렵게 골프장을 부킹할 때, 나는 평일에 가서 여유 있게 연습할 예정이다.

미래는 곧 다가올 나의 현재이다. 현재가 중요한 만큼 미래 역시 중요하다. 사람마다 가치관이 다르겠지만 나는 3년 먼저 고생하고 20년 편하게 보내는 것이 더 효율적인 인생이라고 본다. 고생하는 시간이 4년, 5년이 될 수도 있고, 만약 지금 당신이 40대 중후반이라면 60세 정년까지 고생할 수도 있다. 하지만 굳이 회사를 먼저 나오지 않더라도 직장에 다닐 때 많은 준비를 해놓는다면 은퇴 후의 인생은 달라질 것이다. 이왕이면 일찍 시작하고 빠르게 준비해서 남보다 먼저 자유를 만끽하는 게 좋겠지만, 이미 늦었다고 포기할 필요도 없다.

각자 어릴 적 하고 싶은 일이나 꿈이 있었을 것이다. 그 당시 생각한 꿈은 아마 생계를 유지하기 위한 조건부가 붙지 않았을 것이다. 심지어 생계유지뿐만 아니라 꽤 많은 돈이 있어야 가능한 꿈을 꾸기도 했을 것이다. 만약 꿈이 운동선수였다면 이미 나이가 많아 돈으로 해결되지 않을 수도 있다. 하지만 지금이라도 돈 걱정 없이 취미로라도 그 운동을 원 없이 할 수 있다면 좋을 것이다.

돈이 많다고 행복한 것은 아니지만, 돈이 없으면 선택의 폭이 줄어드는 건 사실이다. 선택의 폭이 줄어들면 나의 꿈과 행복의 우선순위는 현실에 밀려 조금씩 뒤로 밀릴 수밖에 없다. 태어났기 때문에 살고 있지만, 이왕 태어나서 한번 사는 인생이라면 굳이 다음 생으로 미룰 필요 없이 지금이라도 자신이 원하는 삶을 사는 것이 행복한 것이 아닐까?

나는 아직 부자가 아니고 현재 진행형이다. 단지 직장에 다니면서 부동산 투자와 관련하여 남보다 조금 더 관심을 가지고 실천했을 뿐이며, 특히 개발행위를 통해 일반 투자자들이 쉽게 하지 못하는 분야에 조금 더 적극적으로 임했을 뿐이다.

직장에 다니면서 미래를 걱정하거나, 더 행복한 삶을 살고자 하는 주변의 많은 직장인들에게 나의 작은 경험과 노하우가 조금이나마 도움이 되기를 바라는 마음에 책을 쓰게 되었다. 내가 만약 이미 부자가 되었다면 이 책을 통해 더 많은 노하우와 경험을 공유할 수는 있었겠지만, 직장에 다니면서 처절하게 몸부림치던 느낌은 생생하게 전달하지 못했을 것이다.

대한민국의 모든 직장인이 성공적인 투자를 통해 행복한 삶을 살길 바란다.